Laurie Graham

Handbuch
der feinen englischen Art

Deutsch von
Amanda Loewenthal

Deutscher Taschenbuch Verlag

Von Laurie Graham
sind im Deutschen Taschenbuch Verlag erschienen:
Überlebensbuch für die Ehe (11814)
Teenager. Überlebensbuch für die Eltern (20133)
Überlebensbuch für Eltern (20291)

Ungekürzte Ausgabe
Februar 2001
Deutscher Taschenbuch Verlag GmbH & Co. KG, München
www.dtv.de
© 1989 Laurie Graham
Titel der englischen Originalausgabe:
›Getting it right. A survival guide to modern manners‹
(Chatto & Windus, London)
© 1992, 2000 der deutschsprachigen Ausgabe:
Deutscher Taschenbuch Verlag GmbH & Co. KG, München
Umschlagkonzept: Balk & Brumshagen
Umschlagfoto: © Stockfood/Douglas Johns
Satz: KCS GmbH, Buchholz/Hamburg
Gesetzt aus der Plantin 10/12˙ (QuarkXPress)
Druck und Bindung: C. H. Beck'sche Buchdruckerei,
Nördlingen
Gedruckt auf säurefreiem, chlorfrei gebleichtem Papier
Printed in Germany · ISBN 3-423-20377-3

Dieses Buch ist meiner Mutter gewidmet,
die es immer noch schafft,
daß ich gleich am 27. Dezember
Dankeschönbriefe schreibe.

Inhalt

Sechs Methoden,
ohne Mühe Anstoß zu erregen

Seien Sie sich ständig Ihrer Wichtigkeit bewußt.

Rauchen Sie eine Zigarette nach der anderen.

Halten Sie einen Hund.

Bringen Sie ein Fläschchen mit ... und trinken Sie's alleine aus.

Lachen Sie schallend, *bevor* Sie die Edelnußmischung richtig runtergeschluckt haben.

Ziehen Sie sich fürs Schlafzimmer an und gehen Sie dann zum Essen aus.

Und sechs leichte Schritte zur Nettigkeit

Wenn Sie einen Fauxpas sehen, überspielen Sie ihn.

Wenn Sie den Fauxpas nicht überspielen können, ignorieren Sie ihn.

Antworten Sie auf Einladungen.

Sagen Sie anständig bitte und danke.

Geben Sie es auf, Ihre Lebensgeschichte zu erzählen.

Unterstellen Sie nichts bei jemandem, den Sie gerade erst kennengelernt haben.

Einführung

Die Etikette ist tot – es leben die guten Manieren!

Was hat die Etikette getan? Sie hat uns etikettiert. Sie war in erster Linie eine Methode, mit der sich das alte Geld von den Neureichen und von den Habenichtsen abgrenzte. Ziemlich komisch. Denn die Besitzer des alten Gelds waren auch mal neureich, und zuvor waren sie arm wie die Kirchenmäuse. Das alte Geld eignete sich das, was es hatte, durch Beutezüge, Plünderung und Heirat an – starker Tobak im Vergleich mit Altmetallhandel oder Spekulation auf den Zukunftsmärkten, aber so war's. Das alte Geld wird meistens nicht gern daran erinnert, daß der Mensch mit leeren Händen auf die Welt kommt und sie genauso wieder verlassen muß, selbst wenn ihm halb Schottland gehört.

Der springende Punkt bei der Etikette war immer der, unsere Herkunft zu kennzeichnen. Oder unsere Ambitionen. Leute, die gesellschaftlich mehr scheinen wollten, als sie ihrer Geburt nach waren, wurden durch tausendfünfhundert komplizierte Vorschriften um den Schlaf gebracht. Wie schält der Herzog seine Orangen? Wie fragt die Herzogin, wo die Toilette ist? Oder fragt sie das grundsätzlich nicht?

Das Traurige an der Etikette ist, daß man sie nie voll in den Griff kriegt. Wenn Sie alles darüber wissen wollen, sind Sie schon abgestempelt. Und wenn Sie sich dauernd Sorgen machen deswegen, sind Sie schon draußen. Natürlich. Deshalb wurde die Etikette ja erfunden. Entweder ist Ihnen bekannt und daran gelegen, wie man eine Herzogin richtig anredet, oder es kümmert Sie nicht. Bei einer Herzogin gibt es keine halben Sachen, es sei denn, die guten Manieren der

Herzogin sind stärker ausgeprägt als Etikette, Protokoll und Snobismus zusammen.

Der springende Punkt bei den guten Manieren ist, daß sich alle akzeptiert fühlen und unbefangen sind. Menschen mit wirklich guten Manieren haben wenig Interesse an der Etikette, auch wenn sie alle »Regeln« und Fallstricke kennen. Die Etikette kann gute Manieren mindestens ebenso hemmen wie fördern.

Gute Manieren entsprechen dem gesunden Menschenverstand. Die Etikette ist eher künstlich.

Leute, die den größten Teil des Tages in Gesellschaft anderer Leute verbringen müssen, finden es oft schwierig, Tugenden wie Mitgefühl, Nachsicht und barmherzige Blindheit durchzuhalten. Ist es ein Wunder? Gute Manieren verlangen eine vollkommene Ehe von Selbstlosigkeit und Eigennutz. Die Bereitschaft, immer zu denken: »Worunter leidet dieser Mensch? Was kann ich tun, damit er sich besser fühlt? Und liegt da auch was für mich drin?«

Gute Manieren sind die Kunst, eine Situation von jedermanns Standpunkt aus zu betrachten – einschließlich des eigenen. Die Gesellschaft half uns früher dabei, indem sie Barrieren gegen unwillkommene Störungen vorsah. Es gab Dienstboten. Und kein Telefon. Malen Sie sich aus, wieviel leichter es zur Zeit der Visitenkarten, der Briefe und der Duelle bei Morgengrauen war, höflich zu sein. Die modernen Barrieren sind nicht halb so elegant. Lügen ist nicht gerade schön. Und ein Anrufbeantworter ist es erst recht nicht. Aber wir brauchen alle irgendwo eine Möglichkeit, uns zu verweigern.

Ist Ehrlichkeit die beste Politik? Nicht in jeder Gesellschaft. Ehrlich können Sie mit Leuten sein, die Sie sehr gut kennen. Manchmal ist Ehrlichkeit auch kein schlechter Start bei Leuten, die Sie gern sehr gut kennen würden. Aber auf Cocktailpartys ist sie fehl am Platz. Wenn Sie Cocktailpartys mögen und noch zu vielen eingeladen werden wollen, erweisen Ihnen freundliche Unwahrheiten, Behutsamkeit und Ausflüchte einen sehr viel besseren Dienst.

Wenn mich eine Bekannte fragt: »Laurie, jetzt mal ganz ehrlich – kann ich Zitronengelb tragen, und wie findest du Martin?«, dann mache ich am liebsten eine Flasche auf. Wenn sie mir allerdings härter zusetzt (»Bitte tu mir den Gefallen und sag mir's, ich *muß* einfach wissen, ob du glaubst, daß mir so eine tief angesetzte Taille steht.«), werde ich ihr den Gefallen tun. Aber nur, weil die Bereitschaft dazu gegenüber einer Freundin noch wichtiger ist als wohlwollende Unehrlichkeit.

Ehrlichkeit ist eine gefährliche Ware. Ich möchte nicht wissen, was die Leute wirklich von mir denken. Und Sie werden es auch nicht wissen wollen. Es wäre zu schmerzhaft. Glauben Sie mir. Außerdem und wichtiger noch – es ist egal. Wir sind alle nicht so toll, wie wir gern wären. Unsere guten Manieren verhindern, daß wir das in allen Einzelheiten erfahren.

Ich höre schon den Protest der moralischen Mehrheit. Aber gute Manieren haben mit Moral nichts zu tun. Mit einer Ausnahme: Die Moral bringt ihre Vertreter oft in Verlegenheit. Und wer gute Manieren hat, wird ihnen da auch nicht raushelfen, wenn sie's gar nicht wollen. »Tut mir leid, ich habe es mir zur Regel gemacht, nie über die – äh, Abenteuer meiner verheirateten Freundinnen zu klatschen«, erzählt Ihnen eine Tugendwächterin im härenen Hemd. Normalerweise würde man vielleicht antworten: »Pamela hat's mir schon selber erzählt.«

»Glauben Sie, daß an der Sado-Maso-Geschichte wirklich was dran ist?« Höfliche Menschen fragen zurück: »Sahne oder bloß Zucker?«

Der beste Ort zum Entsetzlichsein ist das traute Heim. Das braucht man eigentlich kaum zu sagen. Den meisten von uns gelingt das ohne besondere Mühe. Aber wenn man sich in der Öffentlichkeit wie zu Hause benimmt, können die Folgen schlichtweg verheerend sein. Was im Familienkreis als akzeptable Art und Unart gilt, ist für Außenstehende oft sehr peinlich. Oder furchtbar komisch. Und das kann noch viel schlimmer sein. Jeder, der einen gewissen Ruf als witziger Mensch hat, ist ständig in Versuchung und damit in Gefahr. Der Gefahr nämlich, vor Publikum schmutzige Wäsche zu waschen und pro Minute einen Lacher dabei rauszuholen. Amüsante Leute haben manchmal sehr schlechte Manieren. Leider haben Langweiler deswegen nicht automatisch gute Manieren.

Natürlich gibt es auf dieser Welt viele Gründe, sich schlecht zu benehmen. Ich würde sagen, mindestens sechzig Milliarden. Einige Fälle sind schwierig. Andere sind hoffnungslos. Wenn Sie den Drang haben, die Menschen zu bessern, dann finden Sie hier ein neues Betätigungsfeld. Mit Hilfe dieses Buches werden Sie die Ungeschickten im richtigen Gebrauch von Fischmessern unterweisen können. Aber wenn Sie's getan haben, wird die Welt bedauerlicherweise nicht viel besser geworden sein. Dazu braucht es Phantasie, Weitblick und innere Ruhe.

Viele von uns leben unter Bedingungen, die von guten Manieren abhalten. Wer in einer Großstadt wohnt oder arbeitet, muß sich mit Lärm, Geruchsbelästigungen und unerbetenem Körperkontakt herumschlagen. Hier hilft die Etikette nicht weiter. Jahrhundertealte Verhaltensregeln, die ungemein wichtig waren für Leute, die zu Pferd saßen, einen Degen trugen und in ständiger Angst vor Nachttöpfen lebten, die aus dem ersten Stock auf die Straße geleert wurden, tragen zur Verbesserung der zwischenmenschlichen Beziehungen in einer U-Bahn zur Hauptverkehrszeit nur noch geringfügig bei. Gute Manieren dagegen können sehr dazu beitragen.

Manche Mitglieder der britischen Königsfamilie und des britischen Adels haben vorzügliche Manieren. Zu diesen gelangen sie durch harte Arbeit und lange einsame Spaziergänge über ihre Ländereien. Wenn Sie darauf nicht zurückgreifen können, dann nutzen Sie die Kunst der Höflichkeit, um Abstand zu schaffen – oder ihn zu verringern.

Gute Manieren verbessern die Atmosphäre. Sie sind eine Art Blitzableiter, sie wirken lindernd und machen vieles möglich, was unmöglich schien. Wenn Sie nur mit einer Artischocke fertig werden wollen, schlagen Sie gleich Seite 96 auf. Wenn Sie an guten Manieren interessiert sind, lesen Sie bitte weiter.

Kleiner Hinweis. Dieses Buch soll Ihnen u. a. auch ein bißchen bei Aufenthalten in dem Land helfen, das die meisten Deutschen England nennen, obwohl es neben England noch aus Schottland, Wales, Nordirland und etlichen Inseln besteht, die wir der Einfachheit halber vernachlässigen wollen. Ich gebrauche hier den korrekten Namen des Landes: United Kingdom, UK, Vereinigtes Königreich. Sie können auch Britain dazu sagen. Nur eines dürfen Sie nie: einem überzeugten Schotten in den schottischen Highlands die Schönheit der English scenery, der englischen Landschaft, erklären, wenn Sie die schottische meinen. (A. L.)

Guten Tag, äh

Vorstellen und Vorgestelltwerden

Verzeihen Sie meine Frage, aber was ist eigentlich aus dem guten, alten Vorstellen und Vorgestelltwerden geworden? Wer von uns in den Sechzigern oder später volljährig wurde, kennt das nur noch vom Hörensagen. Wir waren die »Schmeiß-deinen-Mantel-da-hin-und-nimm-dir-ein-Bier«-Generation, und irgendwie machte das weiter nichts, als wir alle noch jung und rebellisch waren. Eh, Mann! Das genügte völlig. Wer kümmerte sich groß um Namen?

Leider haben viele von uns diese lockeren Angewohnheiten nie abgelegt. Wir demonstrieren gern, wie fern es uns liegt, den Boß und seine Frau zu bedienen, indem wir sagen: »Kommt rein! Bitte nicht auf die Katze treten! Gregor, Max, Tina, Penny, Patrick, Adrian, das sind Benjamin und seine Frau, tut mir leid, ich hab den Namen nicht mitgekriegt … Hier steht jedenfalls Chianti, und wer's süßer will, kann Krimrotwein haben, Bitzelwasser gibt's auch, also schlagt zu. Jeder nimmt sich selbst.« In Wirklichkeit zeigt das nur, daß wir zu unsicher sind, um Leute einander richtig vorzustellen. Wir benehmen uns schlecht und behaupten, wir seien ganz locker.

Aber das rächt sich. Man wird ein bißchen älter, und plötzlich geht man zu Partys, ohne daß man bloß denkt:

a) Ob ich wohl jemand fürs Bett finde?
b) Ob ich besoffen werde? Oder high?
c) Ob ich was zu trinken mitbringen muß?

Und dann läuft man herum und stellt sich zu kleinen Gruppen und murmelt irgendwas mit. Manchmal macht das keinen großen Spaß, vor allem, wenn man nicht weiß, wen man da anmurmelt. Vielleicht hat man Ihnen ganz nebenbei gesagt: »Laurie, das ist Bmbmbm. Norbert, ich sag's dir jetzt schon zum dritten Mal, mach endlich diese mistige Flasche auf!« Aber nach einer solchen Vorstellung müssen Sie immer noch einen Kaltstart hinlegen.

Wer Bmbmbm auch sein mag, ich möchte ihn gern kennenlernen. Wirklich. Und wo soll ich anfangen? Nun, wie wär's mit »Darf ich mich vorstellen? Ich bin Laurie Graham, und ich arbeite als Platzanweiserin im Roxy. Tut mir leid, aber ich habe Ihren Namen nicht verstanden.«

Bitte. War das nicht kinderleicht? Und jetzt besteht eine kleine Chance, daß sich Freund Bmbmbm fünf Minuten lang an mich erinnert. Mit etwas Hilfe von unserer Gastgeberin hätte nicht nur er sich an mich erinnert, sondern auch ich mich an ihn, und wir hätten inzwischen schon was gefunden, über das wir hätten plaudern können. Wirklich traurig, daß es nicht mehr *in* oder *cool* ist, Leute einander vorzustellen.

Die folgenden Konventionen sind sehr altmodisch und sehr nützlich. Wenn Sie ein paarmal darauf zurückgegriffen haben, werden Sie merken, daß sich alle gleich viel wohler fühlen. Für moderne Begriffe sind sie umständlich. Sie verlangsamen den Gang der Ereignisse und sind schon aus diesem Grund zu empfehlen.

✳ Jüngere werden Älteren vorgestellt, nicht so hohe Tiere höheren Tieren, Männer werden Frauen vorgestellt. Haben Sie gekrönte Häupter unter Ihren Gästen, so gilt diese Regel nicht. Aber wenn *Royals* bei Ihnen ein- und ausgehen, werden Sie das wohl schon wissen.

✳ Es genügt, wenn Sie den Namen eines jeden einmal sagen, vorausgesetzt, Sie sagen ihn deutlich. »Jörg?« »Nein, Jörn.« – »Jörg, sag ich doch!« – »Nein, Jörrnnn!« Das klingt sehr albern, finden Sie nicht?

✳ Ältere Herrschaften sind nicht immer glücklich, wenn sie mit Vornamen vorgestellt werden. Sie meinen, daß dafür noch reichlich Zeit ist, wenn sich die Beziehung entwickelt. Womit sie völlig recht haben.

✳ Auch im nicht sonderlich aufs Händeschütteln versessenen Vereinigten Königreich schütteln sich Männer die Hand, wenn sie einander vorgestellt werden. Frauen haben etwas mehr Spielraum, aber nicht viel. Eine Frau braucht sich nicht verpflichtet zu fühlen, als erste die Hand auszustrecken. Wenn ihr aber eine Hand hingehalten wird, wäre es äußerst ungezogen, sie zu ignorieren. Auch wenn es keine sehr nette Hand ist.

✳ Die korrekte Antwort auf eine Vorstellung lautet *How do you do?* Das sieht nach Frage aus, ist aber keine. Wenn jemand *How do you do?* zu Ihnen sagt, sagen Sie ebenfalls *How do you do?* Verkneifen Sie sich die Antwort *Pleased to meet you,* auch wenn Sie sehr erfreut sind. Und selbst wenn Sie extrem erfreut sind, sollten Sie nicht gleich *Your place or mine?* fragen.

✳ Jemanden fünfzehn Leuten vorzustellen, die bereits beim zweiten Glas sind, ist vergebliche Liebesmüh. Es ist wesentlich besser, den Neuankömmling mit ein, zwei Menschen in erreichbarer Nähe bekannt zu machen und die Ereignisse dann ihren Lauf nehmen zu lassen.

✳ In der Öffentlichkeit sollten Sie erst mal nachdenken, bevor Sie jemanden anderen Leuten vorstellen. In Ihren eigenen vier Wänden akzeptieren es Gäste als eines der mit Ihrer Freundschaft verbundenen Risiken, anderen vorgestellt zu werden. Sie wissen, das ist ein Teil des Preises, den sie fürs Essen zahlen müssen, und entweder vertrauen sie Ihrer Gästewahl, oder sie lehnen Ihre Einladung ab. In der Öffentlichkeit dagegen läßt sich nicht absehen, wen Sie wem aufhalsen.

Führt der Zufall zwei Menschen zusammen, von denen Sie wissen, daß sie nicht sehr darauf erpicht sind, einander kennenzulernen, so sind ein paar Worte und ein beschleunigter Abgang das Beste. Wenn ich zum Beispiel Frank Sinatra kennen und ihm unversehens begegnen würde, während ich mit meiner Tante Vicky unterwegs bin, würde ich sie einander nicht vorstellen. Ich hätte Angst, daß Tante Vicky uns in Verlegenheit bringt, indem sie Frank bittet, mitten auf der Straße ›My Way‹ zu singen. Verstehen Sie, was ich meine?

Ich würde sagen: »Frank! Das ist aber schön! Meine Tante und ich sind leider in schrecklicher Eile, der Supermarkt macht gleich zu, aber wir müssen uns bald wieder mal treffen!« Und dann würde ich gehen. Selbst wenn ich eine um sich tretende und kreischende Tante Vicky hinter mir herschleifen müßte.

❋ Klarheit ist das erste Gebot. In den meisten Fällen. Nehmen Sie sich die Zeit zu sagen: »Gertie, ich möchte, daß Sie Andy kennenlernen.« Und fügen Sie hinzu, daß Andy gerade längere Zeit in Israel war. Das ist ein guter Start. Gertie und Andy wissen jetzt, wie sie heißen, und sie haben ein Thema, über das sie miteinander sprechen können.

Dann und wann sollten Sie allerdings mit Angaben zur Person zurückhaltend sein. Das gilt besonders für bestimmte Berufsgruppen. Ich kenne keinen Arzt, der es übermäßig schätzt, wenn bei der Vorstellung verraten wird, daß er der Heilkunde nachgeht. Ein Freund von mir ist Mediziner, läßt sich aber immer als Naturwissenschaftler vorstellen, weil manche Menschen in der Tat dazu neigen, sich zwischen leeren Weinflaschen für eine kostenlose Untersuchung zu entblättern. Anwälte können Ihnen ähnliche Geschichten erzählen. Ebenso Zahnärzte, denen die prothetische Arbeit des Herrn Kollegen von Leuten vorgeführt wird, die gerade drei Wurstbrötchen verzehrt haben.

✳ Manchmal gilt: Je weniger gesagt wird, desto besser. Man fragt mich oft: »Laurie, wie gehe ich am besten vor, wenn ich Großonkel Herbert den schwulen Liebhaber meines Sohnes vorstellen will?« Die Antwort darauf ist einfach. Sie sagen: »Onkel Herbert, das ist Ronald. Er ist ein Freund von Ralph und hat eine sagenhafte Sammlung von künstlichen Fliegen.« (Sie wissen schon, die Dinger, die man beim Angeln verwendet.) Es besteht keine Notwendigkeit, das weiter auszuführen.

Wenn Großonkel Herbert nicht auf den Kopf gefallen ist und sich genug für Ralph und Ronald interessiert, um mehr als flüchtig über ihre Beziehung nachzudenken, wird er schon seine eigenen Schlüsse ziehen. Und wenn Ronald nach einer *Coming-out*-Party zumute ist, kann er sich ja selbst entscheiden, was er von seinen Neigungen erzählt. Ich würde mich jedenfalls ebensowenig über Ralphs und Ronalds Privatleben auslassen, wie ich sagen würde: »Susy, du mußt Olaf kennenlernen. Olaf macht's am liebsten von oben bis unten mit Olivenöl eingerieben und ans Bett gekettet.«

✳ Nun kommen wir zu heterosexuellen Paaren. In Deutschland ist es üblich, Herrn Dr. Fritz Miller und Frau Dr. Karla Miller als Herrn Dr. Miller und Frau vorzustellen, und in manchen britischen Kreisen ist es immer noch üblich, zwei miteinander verehelichte Menschen als *Mr and Mrs Bertie Heckmondwyke* vorzustellen. Es gibt Frauen, die das völlig in Ordnung finden. Wenn ich Bertie geheiratet hätte, wäre es mir trotzdem lieber, ich würde als Laurie vorgestellt.

Als Anhängsel vorgestellt zu werden, ist schlimm genug, aber noch schlimmer ist es, als Anhängsel von jemandem vorgestellt zu werden, der irgendwas rasend Interessantes im Versicherungswesen macht. Ich finde das sehr ungezogen. Sollte es Ihnen passieren, dann versuchen Sie's mit der folgenden etwas barschen, aber wirkungsvollen Bemerkung: »Guten Tag. Mein Name ist Vera, und ich bin selbst auch sehr interessant.« Das ist nicht besonders wohlerzogen, aber Sie werden sich danach soviel besser fühlen, daß Sie für den Rest des Abends eine begnadete Unterhalterin sind.

Mein Preis für die Vorstellung des Jahres geht an einen Mann, der jung genug ist, um mein Sohn zu sein. Er bahnte sich neulich durch ein rappelvolles Festzelt seinen Weg zu mir und rief: »Laurie! Alte Schachtel, sieht man dich auch mal wieder? Ich möchte dir Lydia vorstellen, die definitiv nicht meine Ehefrau ist.« Das war natürlich vulgär, respektlos und ungehörig. Aber es führte dazu, daß dreihundert Menschen fasziniert verstummten, und es gewährleistete, daß keiner von uns Lydia je vergessen wird.

Und wenn Sie nicht die angetraute Ehefrau sind, aber die Leute das unterstellen? Dann liegt darin eine Lehre für uns alle. Erstens: Unterstellen Sie nichts. Zweitens: Vermeiden Sie Etikettierungen. Ständige Begleiterin, Zweitfrau, Gigolo, Liebhaber, Lustgreis – das kann man denken, aber man darf es nicht sagen. Wir alle haben Namen. Und bei denen sollten wir uns nennen.

»Cleo, ich möchte gern, daß du Willy Wacker und Bella Barabass kennenlernst.« Sie könnten hinzufügen: »Willy und Bella wohnen mit ihren fünf unehelichen Kindern und Willys Mutter in einem mäßig feinen Vorort unserer schönen Stadt«, aber wozu? Wie intim Willys und Bellas Beziehung ist, zählt nur, wenn Cleo an Willy Gefallen findet. Oder an Bella. Und dann wäre es sehr ungezogen, wenn man gleich dazwischenfunken würde. Die Beteiligten werden nämlich noch reichlich Zeit haben zu offenbaren, wie sie zu wem stehen.

Und wenn Cleo etwas unterstellt? Dann klären Sie sie notfalls auf. Aber es wäre wohlerzogener, wenn Sie den Irrtum auf sich beruhen ließen. Es sei denn, Sie rechnen damit, daß Sie in nächster Zeit viel mit Cleo zu tun haben. Wenn das der Fall ist, sind kleine Peinlichkeiten jetzt besser als große Peinlichkeiten später. Halten Sie den Ton ganz locker.

»Oh, direkt verheiratet sind Willy und ich nicht! Wir zahlen nur gemeinsam ein paar Kredite ab!«

In gehobenen Kreisen

Sie sind im UK und haben es so weit gebracht, daß Sie Umgang mit der königlichen Familie zu pflegen beginnen. Nun denn.

Gekrönten Häuptern dürfen Sie sich nicht selbst vorstellen. Wenn Sie der *Queen* oder der *Queen Mother* vorgestellt werden, sollten Sie sie bei der ersten Anrede *Your Majesty* und danach *Ma'am* nennen (was in diesem Zusammenhang *Ihre Majestät* bedeutet und nicht »Mäm«, sondern »Mahm« ausgesprochen wird). Prinzen und Prinzessinnen nennen Sie zunächst *Your Royal Highness* und dann *Ma'am* oder *Sir*.

Vielleicht haben Sie sich bei der Vorstellung darüber gewundert, daß es nicht »May I *introduce* Sylvie Sommer«, sondern »May I *present* Sylvie Sommer« hieß. Das zweite bedeutet dasselbe wie das erste, nur ist es förmlicher und das einzig Korrekte, wenn *commoners*, Nichtadelige, Mitgliedern des Königshauses vorgestellt werden.

Manche *Dukes* und *Duchesses*, Herzöge und Herzoginnen, sind *Royals*. Andere sind keine *Royals*, und die reden Sie mit *Your Grace* an. Dritte stellen Sie einem Herzog mit den Worten vor: »*May I introduce Sylvie Sommer.*« In die Verlegenheit, einen Herzog vorstellen zu müssen, werden Sie als Gast im UK kaum kommen. Wenn doch, sagen Sie: »*The Duke of Duckworth.*«

Ein *Marquess* und eine *Marchioness*, ein *Earl* und eine *Countess*, ein *Viscount* und eine *Viscountess*, *Life Peers* und *Hereditary Peers* (*Peers* auf Lebenszeit und *Peers* mit ererbtem Titel) und alle dazu gehörigen Witwen und Geschiedenen werden als *Lord and Lady Duckworth* vorgestellt und als *Your Lordship* oder *Your Ladyship* angeredet. Sie brauchen *Your Lordship* aber nicht in jedem Satz einzuflechten.

Baronets und *Knights* werden als *Sir Dickie and Lady Duckworth* vorgestellt und angeredet.

Eine *Dame* (Sprich »Deim«) wird als *Dame Nora Cudlipp* vorgestellt und als *Dame Nora* angesprochen.

Wenn Sie einem *Ambassador*, einem Botschafter, begegnen, nennen Sie ihn *Ambassador*.

Wenn Sie einem hochrangigen Kirchenmann begegnen, einem Erzbischof, Kardinal, Bischof, Erzdiakon oder Dekan, nennen Sie ihn *Archbishop* oder *Your Grace*, *Cardinal* oder *Your Eminence*, *Bishop* oder *Your Lordship*, *Mr Archdeacon*, *Mr Dean* – und wenn alle Stricke reißen, einfach *Sir*.

Andere Sterbliche sprechen Sie mit ihrem privaten Rang oder Titel an.

Sie sind von Ihrem gesellschaftlich so erfolgreichen Besuch im Vereinigten Königreich in Ihre Heimat zurückgekehrt, und einige der Menschen, die Sie jenseits des Kanals kennengelernt haben, haben sich bei ihnen angesagt. Pech für Sie: Es handelt sich um eine Marchioness, einen Bischof und einen Exbürgermeister namens Ted Beggins, die sich alle nicht kennen. Also müssen Sie die Leute einander vorstellen, und dann sollte Ihr Text etwa so lauten: »*Lady Potterton-Boiler, may I introduce the Bishop of Miltan Keynes, and Ted Beggins.*« Kleine Pause. Und dann sagen Sie zu Ted und dem Bischof: »*The Marchioness of Potterton-Boiler.*«

Wenn aber das Schlimmste passiert und Sie einen totalen Blackout haben, sagen Sie: »*Could I please leave you to introduce yourselves?* Darf ich es Ihnen bitte selbst überlassen, sich einander vorzustellen? Frederick hat leider gerade unseren Hamster gegessen.« Und dann gehen Sie aus dem Zimmer und lauschen heimlich an der Tür. Das ist wichtig. Wenn Sie nämlich nicht lauschen, werden Sie nie erfahren, wer Ihre Gäste sind.

Ein Bussi in Ehren

Das soziale Küssen hat sich durchgesetzt. Auch im United Kingdom. Das ist erstaunlich. Ein Volk, das Pferdefleisch, Äpfeln ohne Geschmack und Napoleon getrotzt hat, hat diesen französischsten aller Bräuche akzeptiert, ohne mit der Wimper zu zucken. Heute fragen sich nur noch wenige: »Tun wir's?« Die Frage lautet vielmehr: »Halten wir nach der rechten Wange auch die linke hin?«

Manche Menschen haben sich immer geküßt. In meiner Jugend schloß man aus unnötiger Küsserei auf theatralische Neigungen oder einen Defekt im angelsächsischen Stammbaum. Als Verwandte meines Vaters aus Rio de Janeiro zu Besuch kamen, wurden unsere Nachbarn vorsichtshalber gewarnt. »Sie haben lange im Süden gelebt«, erläuterten wir. »Als sie noch in Leicester wohnten, waren sie nicht so.« Das war in den fünfziger Jahren. Willkommen und Abschied konnte man damals in drei deutlich voneinander abgegrenzten Erscheinungsformen beobachten. Sie kündeten unübersehbar von Ihrer Schichtzugehörigkeit.

Die werktätigen Massen grüßten mit »Brumm«, was hinter irgendeiner Bildzeitung hervorgeknurrt wurde. Die Middleclass machte sich Gedanken übers Händeschütteln, darüber, daß man zu kumpelhaft wirken könnte, ob und wie man seinen Gästen sagen sollte, wo die Toilette war und ob man sie so nennen sollte. Die Upperclass bediente sich der eleganten Choreographie der Selbstbewußten: Sie stand auf, gab die Hand und, wenn es angebracht schien, einen leichten und trockenen Kuß auf die Wange und zog sich wieder zurück. Wir können von der Upperclass lernen.

Küssen oder geküßt werden

Die Entscheidung übers Küssen liegt bei Ihnen. Die übers Geküßtwerden nicht. Egal, mit einem wie kratzigen oder sabbrigen Kuß Sie rechnen müssen, es wäre unverzeihlich ungezogen, ihn zu verweigern. Sie brauchen ihn nicht zu erwidern. Aber wenn Sie sehen, daß ein Mund auf Sie zukommt, müssen Sie die Wange hinhalten.

Wenn Sie sich, ob Mann oder Frau, zu dieser schönen Geste entschließen, dann werden Sie aktiv: Spitzen Sie die Lippen. Die Wange darbieten genügt nicht. Wenn Sie z. B. jemandem die Wange darbieten, der damit beschäftigt ist, den Arm in seinen Mantel zu kriegen, wird er Sie wahrscheinlich stehenlassen – mit schiefgelegtem Kopf allein auf weiter Flur.

Manche Küsse lassen sich nur schwer verwirklichen. Erhebliche Größenunterschiede und ein Armvoll Pakete sind Hindernisse. Und wenn sich zwei Leute eine halbe Stunde lang den Kopf darüber zerbrochen haben, ob sich ihre Beziehung aufs Händeschütteln beschränkt oder ob sie getrost zu herzlicheren Gesten übergehen können, ist die Prognose auch nicht sehr günstig. Wahrscheinlich werden sie sich die Hand schütteln, als seien sie mit Pumpenschwengeln zu Gange, und gleichzeitig mit ihren Nasen kollidieren.

Handküsse sind riskant. Sie waren mal eine recht bühnenmäßige, aber durchaus respektable, für die Öffentlichkeit geeignete Geste. Inzwischen sieht man sie allerdings so selten, daß es peinlich ist, einen zu bekommen. Sie sind irgendwie schwül und wecken leicht den Verdacht, daß der Verabreicher des Handkusses die letzten hundert Jahre tief geschlafen hat oder sturzbetrunken ist. Und es führt Ihnen vor Augen, wie dringend Sie was für Ihre Fingernägel tun müssen.

Außer Knoblauchfahnen und Dreitagebärten ist Nervosität der schlimmste Feind des sozialen Kusses. Wenn es Sie stört, selbst zu küssen, dann beschränken Sie sich darauf, huldvoll Küsse zu empfangen. Selbst von jemandem, der Mundgeruch hat wie eine an Verstopfung leidende Bulldogge. Und wenn Ihnen beim Küssen wohl ist, dann vergessen Sie nicht die Regeln:

✳ Nur auf Mund und Wangen.
✳ Halten Sie Ihr Pulver trocken.
✳ In der Kürze liegt die Würze.
✳ Falls Sie stark erkältet sind, Ihr Gebiß verlegt haben, mit Herpes geziert sind oder alten Kaugummi zwischen den Zähnen haben, lassen Sie es beim herzlichen Händedruck bewenden.

Stolpersteine

Wie Sie wissen, werden fast alle englischen Namen anders ausgesprochen, als man sie schreibt. Und manche – dabei ist das Leben schon hart genug – werden noch viel anders ausgesprochen. Diese Namen sind Stolpersteine, und sie haben darum etwas Ungezogenes. Selbst die englischsprachige Welt ist hier gespalten. Ein Teil weiß, wie man sie ausspricht, der andere weiß es nicht, würde es aber trotz aller gegenteiligen Behauptungen gerne wissen. Sie auch?

Die folgende Liste ist nicht erschöpfend, und es müßte Sie wirklich hart treffen, wenn Sie im Laufe Ihres Lebens mehr als drei oder vier Trägern solcher Namen begegnen würden. Links stehen die Namen, rechts steht die Aussprache.

Keine Sorge bitte, die Lautschrift ist geradezu kriminell vereinfacht. Ä ist das englische ae. Wenn Sie den Mund ein gutes Stück weiter aufmachen als beim deutschen ä, müßten Sie's hinkriegen. O ist ein offenes o. Ö ein offenes ö. Hinter langem a, e, o steht ein h. Th ist der englische Lispellaut. Er kommt hier nur einmal vor und wird stimmlos gesprochen.

Und nun die Liste:

Alnwick	Ännik
Althorp	Ohltrap
Bethune	Bietn
Brougham	Bruhm
Buccleugh	Backlu
Burgh	Böra
Burghley	Böhli

Cholmondeley	Tschamli
Colquhoun	Körhun
Coke	Kuk
Cecil	Sissl
Dalziel	Die-el
Devereux	Deweruks
Douglas-Home	Dagles-Hjuhm
Featherstonehaugh	Mindestens drei Möglichkeiten. Fragen Sie nach.
Hervey	Hahwi
Harewood	Hahwud
Knollys	Nouls
Leveson Gower	Lusn-Gok
Mainwaring	Männering
Marjoribanks	Mahtschbänks
Menzies	Mindschis. Aber nicht immer.
Milnes	Mills
Pepys	Pieps
Pontefract	Pomfret
Ruthven	Riwn
St John	Sindschan
Strachan	Strohn
Thynne	Thin
Villiers	Willes
Wemyss	Wiems

Kleiner Briefsteller

Heutzutage werden selbst im Geschäftsleben so wenige Briefe geschrieben, daß es ein Grund zum Feiern ist, wenn man überhaupt einen bekommt. Mittlerweile kümmert es niemanden mehr, ob Sie einen billigen linierten Notizblock aus dem Kaufhaus oder feines Bütten mit Ihrer Adresse in Prägedruck verwenden. Rotes Papier, gelbes Papier, Schmierpapier – es spielt keine Rolle. Wenn Ihr Brief einen Anfang, eine Mitte und ein Ende hat, sind Sie schon auf der Gewinnerstraße.

Sie können auch tippen. Wenn Ihre Handschrift eine Klaue ist, sind getippte Briefe möglicherweise eine Erleichterung für alle Beteiligten. Nur der Absender eines sehr persönlichen Briefes kann beurteilen, ob Tippen ein schiefes Bild ergäbe. Ein Brief an trauernde Hinterbliebene oder Kranke wird aufrichtiger *wirken*, wenn er mit der Hand geschrieben ist, aber die Hinterbliebenen und Kranken werden lieber etwas bekommen, das auf die Innenseite einer Haferflockentüte getippt ist, als gar nichts.

Ich mag Briefe sehr gern. Das ist auch gut so, denn ich kriege eine ganze Menge, und viele davon sind von wildfremden Leuten. Sie fangen immer mit einer Entschuldigung dafür an, daß sie meine Zeit in Anspruch nehmen, aber das wäre wirklich nicht nötig. Der einzige Brief, den ich lieber nicht bekommen hätte, war nicht unterschrieben. Es stand auch keine Adresse drauf, an die ich meine Antwort hätte richten können. Und er war voller Klagen über meinen Stil. Darüber hätte sich reden lassen. Aber ansonsten gehören anonyme Briefe zum Ungezogensten, was es gibt.

Wenn es Ihnen um die gute Form geht, schreiben Sie am besten mit einem Füller auf einen schönen großen Bogen schlichtes Papier, setzen Ihren Namen lesbar darunter und stecken den Bogen, so wenig gefaltet wie möglich, in einen Umschlag.

Niemand, der Ihrer Aufmerksamkeit wert ist, wird sagen: »Schatz, hab ich dir schon erzählt, daß uns diese gräßliche Sylvie Sommer übers Wochenende eingeladen hat? Natürlich fahren wir nicht hin. Der Brief war mit Kuli geschrieben!!!«

Anfang ...

Sie schreiben an jemanden im Vereinigten Königreich. *Dear Dickie* – das geht in Ordnung. *My dear Dickie* ist herzlicher. Und *Sweetest Dickiepoohs*, also etwa *Mein zuckersüßes Dickie-Stinktier*, ist eine Privatangelegenheit, die nur Sie und Ihren fernen Geliebten betrifft.

Den Anfang *Dear Dickie Duckworth* finde ich ziemlich ungeschickt, aber er ist dann und wann brauchbar. Zum Beispiel, wenn man jemandem schreibt, der so einen verflixt dummen Namen hat, den sowohl Männer als Frauen tragen. Wie ich selbst – Laurie. Oder Kay. Oder Ned. Vor einer Weile habe ich auf einen Ned-Brief geantwortet. Ich schrieb: *Dear Mr O'Reilly* (ja, ohne Punkt hinter dem Mr. Das ist so üblich.) Ein paar Wochen später trafen wir uns. Sie war sehr nett, nahm es nicht krumm und meinte, jeder andere Mensch wäre zu demselben Schluß gelangt, aber ich kam mir trotzdem reichlich bekloppt vor.

... und Ende

Der allgemein verbreitete Briefschluß ist *Yours sincerely*. Das einzige Problem dabei: Manche Leute – Briten und Nichtbriten gleichermaßen – können einfach nicht behalten, wie man's richtig schreibt. Wenn Sie also mit dem *Yours sincerely* ins Schwimmen geraten, sind *Kind regards*, *Best wishes*, und *Yours* annehmbare, sukzessive an Herzlichkeit zunehmende Alternativen. Im englischen Brief wird übrigens das Du oder Sie, Dein oder Ihr außer am Satzanfang oder zu Beginn eines Briefes nicht groß geschrieben.

Nun zur Adressierung von Briefumschlägen. Eigentlich sollte man, so die Pedanten, Dickie Duckworth auf dem Kuvert als *Mr D. Duckworth* oder *Dickie Duckworth, Esq.* bezeichnen. (Das *Esquire* ist kein geheimnisvoller Titel, sondern es bedeutet nichts weiter als »Herrn«, wenn man kein »Mr« verwendet.) Und seine Frau, so die Pedanten weiter, sollte man als *Mrs Dickie Duckworth* bezeichnen, denn das unterscheidet sie von seiner Exfrau, *Mrs Olive Duckworth*, und seiner verwitweten Mutter, die manche als *Mrs Hattie Duckworth* und andere als *Mrs Dickie Duckworth Senior* anschreiben würden.

In der Praxis kann man den *Esquire* dahin werfen, wo Vatermörder und Gamaschen schon liegen. In den Müll. Und viele Frauen fühlen sich genauso unwohl wie ich, wenn man sie als fünftes Rad am Wagen ihres Ehegatten behandelt. Ich schreibe eine Frau, egal wie liebevoll und idyllisch sie verheiratet ist, nie als Mrs Dickie Duckworth an. Ich setze ihren eigenen Vornamen auf den Briefumschlag und gehe gern das Risiko ein, von sogenannten besseren Leuten fallengelassen zu werden wie eine heiße Kartoffel.

Gold- und Silberlametta

Die Frage, ob Sie Buchstaben – die im UK für Orden stehen – hinter Namen setzen sollen, stellt sich nur, wenn Sie an Fremde schreiben. Zwei Kategorien sind hier zu berücksichtigen. Goldlametta und Silberlametta.

Mit Goldlametta meine ich *Orders of Knighthood*, Ritterorden, wie den Hosenbandorden (*Knight of the Garter*, KG) und den Bathorden (*Knight of the Bath*, KB) und andere hohe Auszeichnungen, die nach Stufen gegliedert sind, wie den *Order of the British Empire*. Sir Dickie Duckworth, KBE, (*Knight Commander of the British Empire*) genügt. Wenn Sir Dickie einen ganzen Rattenschwanz von Orden hat, reicht es, die zwei wichtigsten abgekürzt hinter seinen Namen zu setzen.

Mit Silberlametta meine ich die Auszeichnungen MBE, OBE und CBE (*Member, Officer, Commander of the British Empire*). Wenn Ihr Brief förmlich ist und Sie sicher sind, welche Auszeichnung die richtige ist, dann schreiben Sie's hin – Dickie Duckworth, OBE.

Titel

Es läßt sich nicht leugnen, daß etliche Leute mit Titeln großen Wert darauf legen, korrekt angeschrieben zu werden. Das mag Ihnen völlig egal sein, und trotzdem kann es Ihnen schlaflose Nächte bereiten, wenn Sie nicht wissen, wie man's richtig macht.

Briefe an *Royals*, an *Dukes* und *Duchesses* können ruhig mit *Sir* oder *Madam* beginnen. Wenn Sie es allerdings mit der Etikette sehr genau nehmen, sollten Sie den Duke mit *My Lord Duke* anreden und damit schließen, daß Sie die

Ehre haben, sein ergebenster und gehorsamster Diener zu sein – *I have the honour to be your most humble and obedient servant*. Bei einem Duke und einer Duchess können Sie das *humble* auch weglassen, ohne allzu großen Anstoß zu erregen.

Briefe an einen *Marquess, Earl, Viscount* oder *Baron* sollten mit *My Lord* beginnen, wenn der Ton sehr förmlich ist – aber auch hier tut's der *Sir* – , und ihre Frauen sollten mit *Madam* angeredet werden. Schließen Sie, je nach dem Grund für Ihren Brief und der Herzlichkeit Ihrer Beziehung, mit *Yours faithfully* (Hochachtungsvoll) oder *Yours sincerely*.

Ein *Hon. (Honourable)* ist im bürgerlichen Bereich meist Unterhausabgeordneter und außerdem natürlich ein Mr, eine Mrs oder eine Miss und kann als solche(r) bezeichnet werden. Vergessen Sie nur nicht, *The Hon.* auf den Briefumschlag zu schreiben und setzen Sie keinen Titel dazu, wenn der Empfänger selbst keinen hat. Wenn zum Beispiel The Hon. Persephone Foxhunter den schlichten alten Dickie Duckworth heiratet, adressieren Sie einen Brief an das glückliche Paar mit *Mr Dickie Duckworth and the Hon. Mrs Duckworth*.

Botschaftern steht der Titel Exzellenz zu. Ihren Partnern nicht. Wenn Sie also dem britischen Botschafter etwas zu schreiben haben, das auch seine Frau betrifft, sollten Sie den Briefumschlag mit *His Excellency the British Ambassador and Mrs Foxhunter* adressieren. Um einen förmlichen Brief an einen Botschafter zu beschließen, müssen Sie wieder ein *humble servant* werden. Weniger förmlich genügt auch *Yours sincerely*.

Ein *Archbishop* ist *Your Grace*, ein *Bishop* je nach Ton Ihres Briefes *My Lord Bishop* oder *Dear Bishop*. Einem *Archdeacon* steht die Anrede *Venerable Sir* zu, aber als Mann der christlichen Demut wird er sich auch mit *Dear Mr Archdeacon* begnügen.

High Court Judges, Richter an den obersten Gerichtshöfen, werden bei ihrer Berufung in den Ritterstand erhoben, wenn sie nicht schon Peers sind. Aus irgendeinem Grund bringt das die Leute im UK schwer durcheinander.

»Nun?«
   »Ich weiß es nicht, Eminenz.«
   »Ich möchte aber eine Antwort.«
   »Also, Himmlische Magnifizenz …«
   »Ja! Ja! Heraus mit der Sprache!«
   »Ich bedaure, Hochderoselben Glänzende Luminosität, ich habe die Frage vergessen.«
   »Um Gotteshimmelswillen, Angela, ich hab dich doch nur gefragt, ob du mich heiraten willst!«

Sie können einen High Court Judge genauso anreden wie jeden anderen Sterblichen im Ritterstand. Fangen Sie Ihren Brief mit *Dear Sir Neville* an. Und auf den Umschlag schreiben Sie *Sir Neville and Lady Quartersessions*. Wenn Sie freilich bei einem ausgedehnten Besuch im UK straffällig werden und Sir Neville als Richter bei Ihrem Prozeß begegnen, sollten Sie ihn tunlichst *My Lord* (sprich Milohd) nennen.

Magistrates, Richter an niedrigen Gerichtshöfen, werden vor Gericht mit *Your Worship* angeredet. Wenn Sie einen offiziellen Brief an einen Magistrate schreiben, sollten auf dem Umschlag nach seinem Familiennamen die Buchstaben JP (*Justice of the Peace*, Friedensrichter) stehen.

Ein *Mayor*, ein Bürgermeister, ist offiziell *Your Worship* oder, unabhängig von seinem Geschlecht, *Mr Mayor*. Wenn Sie Ihn offiziell anschreiben, geben Sie ihm, was ihm gebührt, und verbleiben als *Your Worship's obedient servant*.

Private Empfehlungs- und Einführungsschreiben, die oft mehr Last als Lust sind. Erstere sollten ehrlich sein, also frei von Lobhudelei und falschem Überschwang. Wenn Sie sich zu einem Empfehlungsschreiben beim besten Willen nicht durchringen können, dann lehnen Sie's ab. Dazu gehört Mut, und es ist vielleicht nicht besonders nett, aber immer noch besser als ein paar matte, halbherzige Zeilen.

Wenn Sie sich dagegen zu einem Empfehlungsschreiben entschließen, sollte der Empfohlene ungefähr wissen, was drinsteht.

Einführungsschreiben, die vom Eingeführten überreicht werden, sind heute nicht mehr sehr üblich. Es ist ja sooo einfach zu telefonieren. Sagen wir, Sie haben eine gute Freundin in London und eine Nichte, die immer schon mal nach London wollte. Sie hängen sich also ans Telefon und sagen: »Hallo, Kate? Also: Meine Nichte, die du nicht kennst, fliegt morgen nach London und meldet sich bei dir. Sei nett zu ihr, ja? Ich muß dich nur vor einem warnen: An den Portwein darfst du sie nicht ranlassen.«

Das ist freilich kein besonders guter Stil, denn so ein eiliger Anruf gibt dem Angerufenen keine Zeit zum Nachdenken. Sie täten besser daran, einen Brief nach London zu schreiben und genau zu sagen, was Sie Kate aufhalsen wollen, und der Brief sollte einige Tage vor Ihrer Nichte eintreffen. Wäre Ihnen das nicht auch lieber? Und geht es bei guten Manieren nicht hauptsächlich darum, sich in den anderen hineinzuversetzen?

Und nun der umgekehrte Fall. Ihre gute Freundin schreibt Ihnen im Gegenzug und bittet Sie, nett zu ihrem Neffen zu sein, der demnächst nach Düsseldorf reist, wo Sie wohnen. Oder der Neffe steht mit einem Brief von Kate vor Ihrer Tür. Dann bedenken Sie folgendes:

* Die Briten sind international verrufen wegen ihrer schäbigen und wenig gastfreundlichen Aufnahme von Landesfremden.
* Mit vollem Recht. Und trotzdem, o Wunder, konnte sich Ihre Nichte keineswegs beschweren. Sie war sogar begeistert.
* (Auch die Deutschen … aber das ist eine Anmerkung der Übersetzerin.)
* Kates Neffe ist vielleicht ein furchtbarer Kerl. Vielleicht ist er aber auch ein Ausnahmemensch, den Sie sich um keinen Preis entgehen lassen sollten. Es gibt nur eine Möglichkeit, das herauszufinden.
* Danach können Sie Ihrer guten Freundin immer noch schreiben:

Liebe Kate, Dein Neffe ist, wie angekündigt, bei uns eingetroffen. Er hat unsere Alkoholvorräte restlos vernichtet, eine Verstopfung sämtlicher Abflußrohre herbeigeführt, und abschließend ist er mit unserer Tochter durchgebrannt. Ich habe Deine Adresse übrigens an Erich das Ekel aus Essen weitergegeben. Er wird sich nächsten Monat in London aufhalten, und ich habe ihm gesagt, er soll auf jeden Fall bei Dir vorbeischauen.

Schreiben Sie mit Ihrer Sonntagsschrift, adressieren Sie den Briefumschlag vollständig, frankieren Sie ihn ausreichend – ach ja, und die Postleitzahl nicht vergessen! So wird niemand Grund zur Klage haben.

Raten Sie mal

Telefonieren, aber richtig

Das Telefon ist eine nützliche Erfindung. Sie können ohne weiteres in Australien anrufen und ausgewanderten Bekannten, die sich noch nicht richtig eingelebt haben, sagen, wie sehr Sie sie mögen. Sie können beim Italiener um die Ecke eine Pizza bestellen. Und Sie können schauderhaft ungezogen sein, ohne gesehen zu werden. Ungezogen insofern, als Sie die Möglichkeit haben, Leute zu verwirren oder zu nerven, ohne daß diese Leute die Möglichkeit hätten, etwas dagegen zu unternehmen. Fast alle, die das machen, tun es, weil sie keine Phantasie haben. Sie haben sich nie überlegt, wie jemandem zumute ist, wenn er einen Anruf von ihnen bekommt.

Sie wählen eine Nummer. Und nun gehen Sie am besten davon aus, daß der Mensch am anderen Ende der Leitung nicht weiß, wer Sie sind und was Sie wollen. Also sagen Sie's. Fangen Sie nicht so an:

»Es tut mir schrecklich leid, daß ich Sie überfalle, aber Chris hat gemeint, Sie hätten bestimmt nichts dagegen, wenn sie mir Ihre Nummer gibt ...« oder »Sie kennen mich zwar nicht, aber ...«

Und sagen Sie nie: »Na, raten Sie mal.«

Melden Sie sich mit Ihrem Namen: »Hier ist Sylvie Sommer. Ich bitte Sie um Ihren Rat in punkto Kettensägen« oder »Hier Sylvie. Ich rufe dich an, weil ich mich über Albert ausweinen will.«

Und fragen Sie immer, ob der andere Zeit zum Reden hat. Vielleicht haben Sie gerade Ihren Schreibtisch aufgeräumt, sich Kaffee gekocht und eine Zigarette angezündet, aber der Mensch, den Sie anrufen, hat möglicherweise in diesem Moment jede Menge um die Ohren.

Nur im äußersten Notfall sollten Sie jemanden im Büro anrufen, um privat mit ihm zu plaudern. Auch an einem sehr geruhsamen Tag ist es peinlich, wenn man auf folgenden Anruf reagieren muß: »Kannst du nachher noch eine Packung Blattspinat aus der Tiefkühltruhe besorgen? Und kauf bitte auch Vitamintabletten für mich und hol den Mantel von der Reinigung ab. Und was hast du deiner Mutter wegen Weihnachten gesagt?« Sich mit »Liebst du mich noch? Du fehlst mir so. Sag mir, daß ich dir auch fehle. Was ist? Du liebst mich nicht mehr. Sag mir, daß du mich liebst, sonst steck ich meinen Kopf in den Mikrowellenherd« herumzuschlagen, ist sogar eine Qual. Vor allem wenn die ganze Kreditabteilung mithört.

Können Sie den Menschen, mit dem Sie reden wollen, gerade nicht erreichen, so ist es immer das Klügste zu sagen, daß Sie noch mal anrufen. Zu warten, bis er sein Gespräch beendet hat, ist Zeit- und Geldverschwendung. Und was man ausrichten läßt, geht oft spurlos unter. Wenn Sie doch etwas ausrichten lassen müssen, gilt: Je prägnanter es ist, desto größer ist die Wahrscheinlichkeit, daß es korrekt übermittelt wird. Und geben Sie nicht ein buntes Sortiment von Nummern an, unter denen Sie zu der und der Zeit zu erreichen sind. Nennen Sie die, die der sicherste Tip ist, und hoffen Sie.

Es wird zunehmend wahrscheinlicher, daß Sie nur einen Anrufbeantworter an die Strippe bekommen. Ihnen und Ihrer Telefonrechnung zuliebe bete ich zu Gott, es möge keiner mit einer Ansage sein, die sich ein Scherzkeks ausgedacht hat. Die Anrufbeantworter haben nämlich reihum die schlummernden Komödianten erweckt. Und die Leute, die mit Gewalt originell sein wollen. Ich weiß nicht, wie es

Ihnen geht, aber ich möchte mir nicht – und das auch noch auf meine Kosten – anhören müssen, wie mein Stiefcousin Bernic säuselt: »Willkommen, Fremder. Ich kann nicht immer auf meiner Burg sein. Aber wenn du hinterläßt, was dein Begehr ist, werde ich binnen kürzester Zeit …«

Machen Sie's besser. Zum Beispiel: »Hier Sylvie Sommer. Bitte hinterlassen Sie nach dem Signalton Ihren Namen und Ihre Nummer. Ich rufe zurück.« Das genügt.

Und wenn Sie an einen Anrufbeantworter geraten sind und die Geduld haben, bis zum Ende der Ansage durchzuhalten? Nun, dann sprechen Sie drauf. Warum nicht? Falls Anrufbeantworter Sie verlegen machen – damit sind Sie nicht allein auf der Welt. Aber je öfter Sie Dinge tun, vor denen Sie Angst haben, desto geringer wird die Angst, und wenn Sie Ihrer Cousine Beata etwas auszurichten haben, ist ein Anrufbeantworter zuverlässiger als die Putzfrau oder Tante Vanessa.

Sagen Sie, wer Sie sind und was Sie wollen, und damit es wirklich effektiv wird, fügen Sie hinzu, welcher Tag ist und zu welcher Zeit Sie anrufen. Wenn Beata dann zwei Wochen später aus Dänemark zurückkehrt, wird sie sich selbst ausrechnen können, daß sie's verpaßt hat, Sie in *Wetten, daß …* zu sehen.

Klingelt bei Ihnen das Telefon, so ist es das Vernünftigste, sich mit Ihrem Namen oder Ihrer Nummer zu melden. Wenn Sie in die Muschel knurren, sagt das keinem was – außer vielleicht, daß Sie schlechte Laune haben. Es ist sehr ungezogen, in die Muschel zu knurren. Ich tue es. Fast alle, die ich kenne, tun es. Grundsätzlich sind wir reizende Menschen, die sehr selten mit dem linken Fuß zuerst aufstehen, aber wenn man hört, wie wir uns am Telefon melden, käme man nie darauf. Ich würde ja Besserung geloben, aber das Knurren hat leider seine Vorteile. Es eröffnet einem die Möglichkeit, sich vor unerwünschten Anrufen zu drücken.

Das klingt nach schlechten Manieren. Aber warten Sie. Manche Telefongespräche sind Zeitverschwendung. Jeder, der keine Geheimnummer hat, wird dann und wann belästigt. Und jeder bekommt Anrufe, für die er momentan nicht in Stimmung ist. Vor Jahren habe ich entdeckt, daß sich das »Hm?«, mit dem ich mich am Telefon meldete, überhaupt nicht nach mir anhörte. Ich wurde für meinen Mann gehalten. Oder für die Frau, die unsere Wäsche bügelte. Ich habe das immer nur ausgenutzt, um »Die ist nicht da« zu nuscheln, aber es hat mich vor vielen Gesprächen bewahrt, zu denen ich keine Lust hatte. Denken Sie nur an die Möglichkeiten! Wenn Sie den Nerv dazu haben, können Sie sagen »Nee, der ist 'n halbes Jahr in der Äußeren Mongolei. Ich füttere hier nur die Fische«, und damit jemanden für alle Zeit los sein. Oder zumindest für sechs Monate.

Und wenn der Anruf von einem Menschen ist, mit dem Sie reden wollen, der aber nur langsam in Gang kommt? Dann lassen Sie ihm Zeit zum Aufwärmen. Erzählen Sie, wie es Ihnen geht, wenn er Sie danach gefragt hat. Erkundigen Sie sich, wie es ihm geht. Sagen Sie: »Was kann ich für Sie/für dich tun?« Halten Sie das Gespräch mit kleinen ermutigenden Einwürfen am Laufen und dulden Sie nicht, daß es allzu weit vom Kurs abdriftet. Wenn Frau Meyer-Amsel anruft, um Sie zu fragen, ob Sie für die gemeinsame Festivität an Silvester hundert Krapfen backen können, und dann bei der Mittleren Reife ihres Ältesten hängenbleibt, geleiten Sie sie behutsam auf den rechten Weg zurück. Fragen Sie: »Und was genau soll ich tun?«

Dann bereiten Sie ein starkes Ende vor. Die Leute werden Sie dafür lieben. Besonders solche, die keines finden. Neben der Angst, jemanden anzurufen, ist die nächsthäufigste Angst die, Telefongespräche nicht beenden zu können. Wenn die davon Betroffenen das ihre gesagt und die Festivität und ihren Ältesten vom Herzen haben, lassen sie in der

Konzentration nach. Sie schweifen ab zum Butterpreis, zum besten Wohnwagenplatz im Burgenland und einer Zusammenfassung der letzten Folge von *Knight Rider*.

Fassen Sie sich ein Herz und erlösen Sie diese Menschen von ihrem Leid. Sagen Sie: »Gut, Frau Meyer-Amsel. Vielen Dank, daß Sie mich auf dem laufenden gehalten haben. Tschüs.« Ein bißchen arg kurz angebunden? Eigentlich nicht. Damit haben Sie alles resümiert, und wenn Sie's herzlich vorbringen, wird es niemanden kränken. Man wird sogar sagen: »Sie kann zwar keine Krapfen backen, aber sie hat eine sehr angenehme Art.«

Die Kunst der Konversation

Die Welt ist voll von kleinen Leuten, die fürchten, daß sich kein Mensch für sie interessiert. Traurigerweise haben sie damit fast immer recht. Wir eilen durchs Leben und sind ständig mit unseren eigenen Gedanken beschäftigt. Manchmal halten wir an und denken: »Ein Gespräch? Ohne mich. Ich bin doch so schüchtern.« Oder: »Ein Gespräch? Aber sicher. Lehnt euch zurück und genießt, während ich die Platte *Mein Leben und meine unglaublich faszinierenden Abenteuer* abspiele.«

Damit ist freilich niemandem gedient. Jeder muß mal was sagen dürfen. Und jeder muß zwischendurch zuhören. Das zu ermöglichen, das Getriebe des Small-talk zu ölen – dafür sind gute Manieren da.

Small-talk ist nicht dasselbe wie ein Gespräch, aber er kann ihm vorausgehen. Beim Small-talk ertasten Sie sich Ihren Weg. Vielleicht führt er Sie zu spannenderen Dingen. Zwar ist das höchstwahrscheinlich nicht der Fall, aber da man nie weiß, sollten Sie ihn nicht verweigern. Selbst wenn Sie tausendmal mehr zu tun haben als alle, die Sie kennen, selbst wenn die Welt voll von ignoranten Trotteln ist und Sie, zumindest für Ihr Spezialgebiet, die Quantenmechanik, ein Geschenk des Himmels sind, sollten Sie von Ihrem Podest herabsteigen und Ihren Teil zum Small-talk beitragen. Es ist ein sehr mäßiger Preis, den Sie dafür zahlen, daß Sie zur Menschheit gehören.

Was tun, wenn Sie schüchtern sind?

Hören Sie auf damit. Schüchternsein ist langweilig. Schüchternsein ist ungezogen. Schüchternsein ist weit verbreitet, aber wer sein Heil in der Schüchternheit sucht, glaubt das grundsätzlich nicht. Er oder sie denkt, alle Leute wären schon im voraus vor ihnen gewarnt: »Was? Anna? Die Anna, die die gräßlichen Cocktails macht? Jetzt sag bloß nicht, daß die auch da ist! Nein, da komm ich lieber nicht.«

Sehen Sie, wieviel Einbildung hinter solcher angeblicher »Schüchternheit« steckt?

Was immer Sie für Ihr gesellschaftliches Handicap halten – die falsche Schule, die falsche Konfession, die falsche Strickjacke aus 100 Prozent Polyamid –, denken Sie an die Leute mit Löwenherz, die trotz echter Probleme zu Partys gehen – Stotterer, Taubstumme und mit Tics Behaftete, Ausländer, die sich nur radebrechend verständigen können, und all diejenigen, die auf Großbildschirmen und in prachtvoller Farbe öffentlich zum Teufel gejagt worden sind.

So, und jetzt kommen Sie runter von Ihrem hohen Roß und retten Sie für jemanden den Tag. Eröffnen Sie das Gespräch.

Aber was soll ich sagen?

Sagen Sie: »Hallo, ich bin Clara Crawinkel. Haben Sie schon diese herrlichen kleinen Peperonihappen probiert?«

»Ludwig Leonberger«, sagt er vielleicht, »ich mag Peperoni nicht, aber die Salzmandeln sind sehr gut. Arbeiten Sie zufällig auch in der Faulschlammbranche?« Und schon geht's los.

Oder Ludwig ist eine harte Nuß. Vielleicht blickt er bang

auf Ihren Teller und sagt nur »Nein«. Lassen Sie sich nicht entmutigen. Locken Sie ihn aus der Reserve.

Sagen Sie: »Also, ich kann mir ein Leben ohne Peperoni nicht vorstellen. Was essen Sie denn gern?« Jetzt haben Sie Ludwig Leonberger gesprächstechnisch beim Wickel. Mit Ja oder Nein kommt er hier nicht weiter. Sie haben die Waffe der Waffen eingesetzt: die Frage mit offenem Ausgang.

Fragen mit offenem Ausgang

Sie beginnen mit Wörtern wie: Warum, wo, was und wer. Das zwingt die Leute, Antworten zu formulieren, die Statements oder Hoffnungen enthalten und Anlaß zu weiteren Fragen geben. Das wirkt wie Dünger auf unfruchtbarem Boden. Eine Frage mit offenem Ausgang klingt vielleicht neugieriger als eine, die man mit Ja oder Nein abwürgen kann – vergleichen Sie »Kommen Sie oft hierher?« mit »Wie oft kommen Sie hierher?« –, aber sie zahlt sich immer aus.

Wenn Sie es schwierig finden, mit Fremden zu reden, dann überprüfen Sie Ihre gewohnten Gesprächseröffnungen. Vermeiden Sie Fragen, die man mit Ja oder Nein beantworten kann. Erkundigen Sie sich nach dem Wieso und Warum, das die Menschen treibt. Und ehe Sie sich's versehen, werden Sie mit Ludwig Leonberger über Faulschlämme plaudern.

Faulschlämme und dergleichen

Einige Themen sind mit ziemlicher Sicherheit unverfänglich. Essen zum Beispiel. Selbst Vegetarier mit zwanzig Nahrungsmittelallergien müssen was essen. Reisen sind auch so ein Thema. Ihre Lieben wollen vielleicht nie mehr von Viareggio hören, aber es kann sein, daß Ludwig fasziniert ist.

Wenn Sie im Small-talk nicht gut sind, dann denken Sie sich ein paar unverfängliche und interessante Themen aus und üben zu Hause. Sollten die Erwachsenen nicht mitspielen, so üben Sie mit Ihren Kindern. Die werden es als weiteren Beweis dafür nehmen, daß Sie gaga sind, aber eines Tages werden sie's Ihnen danken. Dann nämlich, wenn sie ein sechsgängiges Bankett, veranstaltet vom Präsidenten der Murmansker Handelskammer, durchstehen müssen. Es ist eine der besten Methoden, mit denen Sie Kinder aufs Erwachsenenleben vorbereiten können.

Die goldene Regel der Gesprächseröffnung lautet: *Unterstellen Sie nichts.* Ob Sexualität, Politik, Religion, Humor – gehen Sie's sacht an oder gar nicht. Wenn Sie etwas fragen, klappen Sie bei der Antwort nicht die Ohren zu. Hören Sie auf das, was gesagt wird. Hören Sie vor allem auf das, was *nicht* gesagt wird. Erzählen Sie keine Witze. Beschimpfen Sie Leute weder als Faschisten noch als Kommunisten. Verbreiten Sie keinen Klatsch. Und wenn Sie's nicht lassen können, seien Sie wenigstens vorsichtig.

Leichtsinnige Bosheit ist nämlich dem Gesetz des dummen Zufalls unterworfen. Dieses Gesetz besagt, daß sich unter einer Gruppe von achtzig Menschen derjenige, dem Sie bei der Wildpastete anvertrauen, die alte Dame auf dem Porträt an der Wand sei das Häßlichste, was Sie je gesehen hätten, als Enkel eben jener von ihm sehr verehrten alten Dame erweist.

Prominente

... heißen auf deutsch VIPs, wie Sie wissen. Wenn Sie Ludwig aus seinem Schneckenhaus herauslocken, mag das nicht hochamüsant sein, aber Sie haben den Vorteil, daß Sie sozusagen am Steuer sitzen. Schlimmer ist es, wenn Sie mit einem Finanzminister oder dem größten Existenzphilosophen von Prenzlau geschlagen sind! Sie haben wahrscheinlich nicht die leiseste Ahnung vom Eurodollar. Und erst recht keine von Kierkegaard. Aber das spielt keine Rolle. Zumindest sollte es keine spielen.

Experten brauchen auch mal Abwechslung. Der Finanzminister ist Ihnen vielleicht aus tiefster Seele dankbar für Ihre Tips zum Tomatenanbau in seinem Garten. Scheuen Sie sich nicht, ganz normal zu sein. Nur eine Minderheit wird Sie deswegen für unsäglich banal halten. Die Mehrheit wird Sie mögen.

Prominenz ist ein Zustand, der hauptsächlich im Auge des Betrachters existiert. Bedeutende Staatsmänner und große Denker unterscheiden sich von uns gewöhnlichen Sterblichen nur durch ein bestimmtes Talent oder auch durch reinen Dusel. Das Gemeinsame überwiegt. Wir alle haben irrationale Ängste und sind durchaus nicht uneitel. Die wirklich Großen vergessen das nie. Darum sind sie bereit, mit jedem Menschen zu sprechen und ihm – und sei es auch noch so kurz – das Gefühl zu geben, daß sie mit niemandem auf der Welt lieber zusammenwären.

Viele VIPs wissen das nicht, also sind Sie ihnen jetzt eine Nasenlänge voraus. Wenn Sie das nächste Mal denken, Sie fielen in Ohnmacht, weil Sie schon sehen, daß Michael Sie gleich dem Erbprinzen Rupert von Karlsruhe-Rüppur vorstellen wird, für den Sie gewiß nur eine unbedeutende kleine Hausfrau sind und der Sie taktloserweise auch so behandelt, denken Sie daran, daß auch Prinz Rupert seine Schwächen hat. Und seine – je nun – Laster. Statt unter seiner Hochnäsigkeit zu leiden, amüsieren Sie sich damit, sich vorzustellen, welche das wohl sein mögen. Und dann gehen Sie weiter und lassen ihn stehen.

Weitergehen

Manche Gespräche haben kein natürliches Ende. Das gilt besonders für Partys, bei denen Sie mit Leuten reden wollen, aber nicht den ganzen Abend mit denselben drei.

Wenn Sie bei einer Gruppe stehen, entschuldigen Sie sich und lösen sich mit Entschiedenheit von ihr. Wenn Sie nur einen furchtbaren Menschen am Hals haben, ist die Prozedur etwas schwieriger, aber das sollte kein Hindernis für Sie sein. Es wäre grob unhöflich, Ludwig Leonberger den ganzen Abend mit Beschlag zu belegen. Bedienen Sie sich folgender Technik:

Sie beschließen weiterzugehen. Sie bereiten Ludwig darauf vor, indem Sie während des Gesprächs den räumlichen Abstand zwischen sich und ihm merklich vergrößern. Dann geben Sie Ludwig die Gelegenheit, mit Ihnen zu einer anderen Gruppe zu gehen. Sie sagen: »Ich möchte Sie mit Betty und Fred bekannt machen. Das sind so interessante Leute.« Kommt Ludwig mit, so können Sie selbst entscheiden, wann Sie Lust haben, weiterzugehen und Betty und Fred auf ihre Art mit Ludwig fertig werden zu lassen.

Sind keine Betty und kein Fred zur Hand, sagen Sie mit fester Stimme: »Entschuldigen Sie mich bitte. Ich muß telefonieren/meinen Wagen woanders hinstellen/mal verschwinden.« (Diese Worte können Ihnen auch in allen englischsprachigen Ländern eine Hilfe sein: »*Please excuse me. I have to make a phone call/move my car/find the bathroom.*«) Dann gehen Sie.

Und kommen Sie nicht vor zehn Minuten wieder. Ludwig braucht vielleicht so lange, um jemand anderen zu umgarnen, und diese Chance müssen Sie ihm geben. Mehr nicht.

Neun Dinge, die am besten
ungesagt bleiben

Kennen Sie den vom Heiligen Petrus und dem Rabbi?

Wann kriegst du das Kind denn?

Die Araber/Eskimos/Männer/Sozis sind doch alle gleich.

Was macht Ihr Mann beruflich?

Kenn' ich Sie nicht aus dem Krankenhaus?

Wann heiratet ihr beiden endlich?

Lorenz, du alter Gauner! Wer war die Mieze, mit der ich dich gestern abend gesehen habe?

… Der Doktor hat gesagt, so was hat er noch nie gesehen. Frank ist sich bis heute nicht darüber im klaren, daß er mich fast verloren hätte. Wie auch immer, ich hab dreißig Transfusionen gebraucht und bin mit zweitausend Stichen genäht worden, aber nach vierzehn Tagen war ich wieder voll da. Alle sagen, ich bin ein Phänomen …

Ich denke manchmal, ich müßte ein Buch schreiben.

Der traumhafte Gastgeber/
Die traumhafte Gastgeberin

Die Gastgeberrolle läßt Ihnen viel Spielraum. Sie können alte Zöpfe abschneiden und vernünftige neue Sitten einführen. Sie können den Leuten das Gefühl geben, daß sie geliebt und verwöhnt werden, Sie können sie glücklich machen oder auch furchtbar nervös – das hängt von Ihren Neigungen und Ihrem Talent ab.

Als gute Gastgeber brauchen Sie Weitblick, ein klares Konzept und Phantasie. Das ist einfach genug, aber wie so manches Einfache ist es nicht leicht. Die schlechte Nachricht für Gäste: Gastgeber sein lernt man am besten durch Übung. Für diejenigen, die nahezu gleich oft Gäste und Gastgeber sind, ist das akzeptabel. Pamelas Fasan mag ein bißchen zu blutig auf den Tisch gekommen sein, und ihr Spaniel mag Ihre neue Designerhose vollgepinkelt haben, aber Sie wissen schließlich auch noch sehr genau, daß sich Pamela auf Ihrer Toilette ohne Toilettenpapier behelfen mußte. Und daß Sie den Herbstblattsalat mit Kräuterdressing auf demselben Teller gereicht haben wie die Ameisen, hat sie Ihnen auch verziehen.

Manche Menschen sind öfter Gäste als Gastgeber. Manche sind nie Gastgeber. Wenn es daran liegt, daß sie zu geizig oder zu faul sind, wird ihr Telefon bald nicht mehr klingeln. Wenn es aber daran liegt, daß sie himmlische Gäste sind und gern bei dem bleiben, was sie gut können, wird es ihnen nie an Einladungen fehlen. Besser, man ist ein begabter und begeisterter Gast als ein Gastgeber mit zusammengebissenen Zähnen und geballten Fäusten.

Der gute Gastgeber stellt von vornherein klar, was geboten, was nicht geboten und was für das Gebotene erwartet wird. Die Einladung ist die beste Möglichkeit, alles unmißverständlich vorzugeben. Zum Beispiel:

Freitag den 13. zwischen acht und halb neun: Abendessen in der Küche, Geschmeide daher überflüssig. Bitte sagt Bescheid, ob Ihr kommt.

Oder etwas förmlicher, und wir nehmen jetzt an, Sie seien männlichen Geschlechts, im United Kingdom zu Gast und erhielten folgende Karte:

> *Franz Fuselkopf*
>
> *Biffo and Cecily Neville*
> *AT HOME*
> *Wednesday March 15th*
>
> *RSVP*   *Drinks, 6-8*
> *The Hangar*
> *Snettisham*

Was hat das zu bedeuten? Biffo und Cecily haben eine sogenannte *At-Home-Card* verwendet. Ursprünglich war das keine Einladungskarte. Wenn Cecily in jener fernen Epoche gelebt hätte, als Damen der besseren Gesellschaft noch an gewissen Nachmittagen Hof hielten, hätte sie sich einer *At-Home-Card* bedient, um kundzutun, wann sie willens sei, Besucher zu empfangen. Hätten Sie zu einer anderen Zeit vorbeigeschaut, so wäre Ihnen höchstwahrscheinlich mitgeteilt worden, Cecily sei nicht zu Hause, obwohl sie im Salon saß und sich halb zu Tode langweilte.

Die Form der Karte ist dieselbe geblieben bis auf das neu hinzugekommene RSVP. Das heißt *Repondez s'il vous plaît*, also U.A.w.g. (Um Antwort wird gebeten). Darüber steht das Datum der Veranstaltung, Mittwoch, der 15. März, darunter der Name von Biffos und Cecilys Anwesen und ihr

Wohnort. Es ist von Drinks die Rede, Sie sollen also kein Abendessen erwarten. Das 6–8 bedeutet natürlich von 18 bis 20 Uhr, Sie sollen also nicht bis Mitternacht dem Gin zusprechen. Und auf das RSVP sollten Sie unbedingt eingehen. Sonst denkt Cecily, Sie kämen nicht und beschließt, statt dessen ihre Teppiche zu reinigen. Nur daß sie's nicht tun wird. Gastgeber, die bessere Manieren haben als ihre Gäste, geben Leuten, die nicht antworten, bis zum letzten Moment eine Chance. Cecily sagt vielleicht in einer ergrimmten Minute: »Der Blödmann soll nur kommen, wir tun einfach so, als wären wir nicht da«, aber am 15. März wird sie brav um 16 Uhr 30 die Gläser polieren und auf Ihre, Franz Fuselkopfs, Ankunft warten.

Vermeiden Sie telefonische Einladungen. Das Telefon ist für Spontaneität zwischen Freunden gut. Aber es läßt denjenigen, die ablehnen möchten, wenig Spielraum, und es führt leicht dazu, daß man sich falsch erinnert oder eine Einladung schlichtweg vergißt.

Dasselbe gilt für Einladungen, die über die Straße hinweggebrüllt werden, wie ich vor kurzem selbst erfahren mußte. »Sonntag in vierzehn Tagen, Drinks und Essen, kommst du?« rief mir eine Nachbarin zu. »Furchtbar gern«, sagte ich. »Ich schreib's mir gleich in meinen Kalender.«

Natürlich tat ich es nicht. Erst polierte ich den Türklopfer zu Ende, dann klingelte das Telefon, dann kam dies und das dazwischen. Als der besagte Sonntag nahte, mißtraute ich meinem Gedächtnis immer mehr. Hatte ich die Wochenenden richtig gezählt? Hatte meine Nachbarin vielleicht Samstag gesagt und nicht Sonntag? Und warum war ich so blödsinnig nervös? Warum rief ich sie nicht einfach an und fragte: »Erwartet ihr uns morgen, ja?« Ich weiß es nicht. Wahrscheinlich fand ich's nicht cool genug.

Der Sonntag kam. Ich schickte meinen Mann auf Erkundungsgang.

»Geh doch mal ganz unauffällig vorbei, Peter, und sieh nach, ob es in der Küche zugeht wie in einem Bienenhaus«, sagte ich.

Peter meldete sich zurück. »Nein«, sagte er.

»Was? Niemand sucht nach heilen Gläsern? Kein Rührstab in den Salatsaucen? Niemand rennt mit Strumpfhose und Schaummaske rum?«

»Nein.«

Mit anderen Worten, es wies absolut nichts darauf hin, daß eine Party stattfinden sollte. Wir hatten uns in Schale geworfen und waren schon im Begriff, unsere Hausklamotten wieder anzuziehen und es uns mit der Sonntagszeitung gemütlich zu machen. Da sahen wir den Lieferwagen vom Partyservice vorbeifahren.

Die Party war wunderbar. Wenn mir aber ein Kärtchen ins Haus geflattert wäre, auf dem alles gestanden hätte, wäre die Vorfreude sicher noch größer gewesen.

Einladungen

Wie geben Sie Leuten das Gefühl, daß sie gemocht werden und erwünscht sind? Wie sorgen Sie dafür, daß Ihre Gäste voll Erwartung kommen? Und vor allem: Wie gehen Sie sicher, daß Sie nicht auf fünfzig Litern Glühwein sitzenbleiben?

❋ Wenn Sie telefonieren, sorgen Sie *immer* zu einem späteren Zeitpunkt für eine Bestätigung, entweder indem Sie per Karte um Bestätigung bitten, oder mit einem gezielten Anruf, bei dem die Worte »Ich freue mich darauf, Sie/dich morgen zu sehen!« nicht fehlen sollten.

❋ Wenn Sie viele Leute einladen, nehmen Sie am besten

Einladungskarten. Es spielt keine Rolle, ob Sie Offset- oder Kartoffeldruck nehmen oder ob Ihre Einladungen mit Blut auf ein Pergament aus dem achtzehnten Jahrhundert geschrieben sind. Sorgen Sie nur dafür, daß Ihre Gäste genau wissen, was Sie vorhaben.

✳ Die Tendenz geht dahin, nur im Fall einer Absage um Antwort zu bitten, aber das hat meiner Meinung nach keine Chance, besonders populär zu werden. Ich bin sicher, die meisten Gastgeber sind so wie ich – neurotisch, obsessiv und trotz hundertprozentiger mündlicher Zusage absolut überzeugt davon, daß doch kein Mensch kommt.

✳ Besser als Einladungskarten sind Briefe, vorausgesetzt, Sie bitten nicht ganze Hundertschaften zu sich. Ich selbst bin ganz verrückt nach Briefen.

Liebe Laurie,
wir müssen entsetzliche Mengen Beaujolais primeur vertilgen. Außerdem ist Normans Vater bei uns, und der erzählt rasend gern von El Alamein – wie wär's also mit Samstag in einer Woche zum Abendessen?
Viele Grüße

Deine Beryl

Wer könnte da widerstehen?

Beryls Brief ist, wohlgemerkt, kein Meisterstück. Sie sagt nicht, ob der alte Knabe auch eingeladen ist. Ich bin allerdings sicher, er *ist* eingeladen. Und sie sagt nicht, wann genau wir kommen sollen. Aber das liegt daran, daß Beryl eben Beryl ist. Sie weiß, ich werde anrufen und sagen: »Natürlich kommen wir! Muß es das kleine Schwarze sein oder geht's auch ohne?«

Man nehme dreißig Pfund Palmin mit gleich viel Milch und Terpentin ...

Die richtige Mischung der Gäste ist das Schwierigste am Gastgeberjob. Wenn Sie kein Zutrauen zu Ihrer Kochkunst haben, können Sie einen Partyservice bemühen. Wenn Sie sich flau und mau finden, können Sie Jongleure oder eine Band ins Haus holen. Aber niemand kann Ihnen die Entscheidung darüber abnehmen, ob Gary Glitter und der Moraltheologe von der Uni Eichstätt an Ihrem Tisch gemeinsam ihr Brot brechen sollen.

Hier sind einige Tips, die Ihnen vielleicht helfen:

✳ Manche Menschen reden. Andere hören zu. Wenige sind mit beiden Gaben gesegnet. Bei Tisch funktioniert ein annäherndes Gleichgewicht zwischen diesen Fraktionen am besten.

✳ Ist man nicht bei Tisch, so braucht es weniger Regie. Auf Partys können sich die Gäste gewöhnlich allein vor Langeweile oder Belästigung retten, indem sie sich von faden und nervigen Leuten absetzen. Nun ist noch zu sagen, daß es Menschen gibt, die es nicht verdienen, jemandes Gast zu sein. Vielleicht glauben Sie, einem Herrn mit dem Charme des Hunnenkönigs Attila Gastfreundschaft schuldig zu sein. Aber sind Sie Ihren anderen Gästen nicht vielleicht sehr viel mehr schuldig? Laden Sie Leute nicht vor allem deshalb ein, damit sie Spaß haben?

✳ Vor kurzem hat mich jemand gefragt: »Wieviel Zeit muß seit der Scheidung vergangen sein, wenn ich beide Expartner zu einer Party einladen will?« Da ich mich strikt ans Spaßprinzip halte, mußte meine Antwort lauten: »Sechzig Jahre wären nicht genug.«

✳ Partnervermittlung erfordert eine leichte und glückliche Hand. Und wenn es dabei gar um Liebe gehen soll, kann ich nur eines sagen: Lassen Sie die Finger davon. Falls Sie nicht auf mich hören, werden Sie am nächsten Morgen Sandra an der Strippe haben, und Sandra wird fauchen: »*Das* nennst du einen tollen Mann?« Ich hab Sie gewarnt.

✳ Die Anbahnung von Freundschaften und Geschäften ist kaum weniger problematisch. Sie müssen diskret bleiben. Wenn's schiefzugehen droht, müssen Sie bereit sein, das Ganze abzublasen, egal, wieviel Mühe es Sie gekostet hat, alles einzufädeln. Und Sie müssen warten können. Manche Menschen machen das als Beruf. Sind Sie sicher, daß ein Brunch am Pfingstsonntag der richtige Zeitpunkt ist, um Henry Kissinger zu spielen?

✳ Können Pflicht und Vergnügen zusammengehen? Und wie verhält es sich mit Einladungen, die Leute beeindrucken sollen? Gehört das nicht zu den größten Ungezogenheiten überhaupt? Leute einladen, damit sie sich wohl und als etwas Besonderes fühlen – ja. Aber Leute einladen, um sie mit der Nase draufzustoßen, daß man kaukasische Teppiche und Waterford-Kristall besitzt und sich einen Butler leisten kann – nein.

Beeindrucken gehört zu den Dingen, die jeder tun will. Aber niemand möchte, daß es ihm angetan wird. Nicht mal weltreisende Tycoons. In meinen achtzehn Jahren als Herrin des Hauses habe ich meinen Teil an Pflichteinladungen absolviert. Der kometenhafte Aufstieg meines Mannes (na schön, er war ein etwas langsamer Komet) verdankt er nicht zuletzt meinem Coq au vin und meinem messerscharfen Witz.

Um ehrlich zu sein, ich habe nie einen Geschäftsgast kennengelernt, der nach Selleriecreme und Lammkoteletts mit weißen Manschetten um die Knöchelchen lechzte. Keiner stand je in meiner Küchentür, um zu sagen: »Phantastisch! Ich hab schon seit mindestens einer Woche keine getrüffelten Bratwürste mit Champagnerkraut mehr gegessen!«

Statt unterwegs zu sein und Geschäfte zu machen, wäre Ihr Geschäftsgast viel lieber zu Hause, wo er Chips knabbern und Bier trinken könnte. Ein guter Gastgeber vergißt das nie. Je weiter Ihre Gäste gereist sind, desto pfleglicher müssen sie behandelt werden. Selbst die höchsten Tiere sehnen sich danach, die Krawatte abzulegen oder das Miederhöschen aufzuhaken und Rührei mit Schinken zu essen. Es sei denn, sie wären Juden oder Muslime. Oder Vegetarier.

Diät aus Wohlerzogenheit

Erstens: Im Zweifelsfall immer fragen. Zweitens: Es gibt viele schmackhafte Speisen auf der Welt. Die Tatsache, daß Sie in Buxtehude berühmt sind für Ihren Rinderschmorbraten und der Star Ihrer Abendgesellschaft strenggläubiger Hindu ist, braucht Sie nicht zum Konsum von Beruhigungsmitteln zu treiben. Die Zahl der Menschen, die Diät halten, nimmt zu. Ob sie's aus religiösen, medizinischen, ethischen oder spinnigen Gründen tun, spielt keine Rolle. Wenn Sie von einer solchen Diät wissen, müssen Sie Rücksicht darauf nehmen. Ein Eckchen Pizza aus dem Karton zaubern und es einem einsamen Vegetarier vorsetzen, während der Rest der Gesellschaft gebratene Ente ißt – das geht nicht. Ein großes Trara darum machen, daß Sie extra ein fleischloses Linsengericht gekocht haben – das geht auch nicht. Das große Trara zählt zu den schlechten Manieren.

Sie stehen vor einer Herausforderung, also nehmen Sie sie an! Es gibt kaum Menschen, die ihren Hunger nicht mit einer Mahlzeit aus Gemüse und Obst stillen können. Was Sie tausendmal lieber mögen, können Sie wieder essen, wenn Ihr indischer Gast nach Delhi zurückgekehrt ist.

Gäste dirigieren – aber ohne Dirigismus

Gäste, die Sie nicht gut kennen, behandeln Sie am besten wie kleine Kinder: mit freundlicher Bestimmtheit. Wenn Sie wollen, daß sie zu Tisch kommen, sagen Sie's ihnen. Sagen Sie ihnen auch, wo sie sich hinsetzen sollen. Ich selbst kann mich nicht dazu überwinden, Tischkarten zu schreiben. Sie scheinen mir unpassend in einem Haus, wo immer wieder mal Gummispinnen und Plastikmäuse herumliegen. Aber die Leute müssen tatsächlich ein bißchen dirigiert werden. Versuchen Sie, »Alles hört auf mein Kommando« mit Charme zu kombinieren:

»Wanda, du setzt dich hierhin und rührst dich nicht von der Stelle. Wenn du dich um diese Flasche kümmerst, sehe ich mal nach Johnnie und hole uns was zu essen.«

Wenn Sie wollen, daß sich Ihre Gäste vom Tisch erheben, dann stehen Sie auf und sagen ihnen: »Den Kaffee trinken wir am Kamin.« Sagen Sie ihnen auch, wo die Toilette ist. Das sollte kein Gegenstand von Vermutungen sein. Ersticken Sie im Keim jedes Gerede darüber, Ihnen beim Abwasch helfen zu wollen. Sagen Sie: »Das macht morgen mein kleiner Schatz für mich. Er wäre wütend, wenn wir seine Spülbürste anfassen würden.«

Mit Spätankömmlingen verfährt man am besten so, daß man ohne sie voranschreitet. Es ist schlimm genug, im Schneesturm einen Platten zu haben, aber noch schlimmer ist es, wenn man weiß, daß deswegen andere Gäste zuviel Nüsse essen und zuviel Alkohol trinken, während sich Carolines *Entrecôtes bordelaises* in steinharte Schuhsohlen verwandeln.

Spätverweiler sind wieder etwas anderes. Über die hat ein Gastgeber mit guten Manieren überhaupt keine Kontrolle. Manche Leute können die ganze Nacht durchmachen. Manche Leute müssen nicht früh aufstehen.

Als Gastgeberin bin ich bei solchen Gästen dann und wann eingeschlafen. Das war gewiß nicht höflich, aber die Bummelanten schienen es nicht zu merken, und so spielte es wohl keine große Rolle. Am besten betrachten Sie das Nicht-gehen-Wollen als eine Art perverses Kompliment. Daß das stimmt, werden Sie wissen, wenn Sie mal erlebt haben, wie Gäste gleich nach dem ersten Drink in Scharen zum Ausgang geströmt sind.

Übernachtungsgäste

Bevor Sie jemandem Ihr Gästezimmer anbieten, schlafen Sie selbst dort. Dieser gute Rat wird oft gegeben und selten befolgt.

Die meisten Gästezimmer sind mehr als dürftig. Und ein unbequemes Bett ist vielleicht noch der kleinste Mangel. Auch *von innen* vereiste Fensterscheiben sind keine Seltenheit. Oder Hunde, die auf dem Kopfkissen liegen. Oder nichts zum Kleider aufhängen, nichts zu lesen und eine Nachttischlampe, die dem sie Anknipsenden einen Stromschlag verpaßt, aber nicht daran denkt zu leuchten.

Was braucht ein Übernachtungsgast? Er braucht einen Ort, wo er's gemütlich hat und ungestört ist. Sie wollen nicht, daß er ständig um Sie herumwuselt, und er will nicht ständig um Sie herumwuseln müssen. Er möchte aber informiert sein, was warmes Wasser, Essen und die Eigenarten von kleinen Kindern und Haustieren betrifft, denen er vielleicht auf der Treppe begegnet.

Er möchte nicht an einem Sonntagvormittag bis 11 Uhr eingesperrt sein und nach einer Tasse Tee und einem weichen Ei lechzen, während Sie bis in die Puppen schlafen, Geschirr zerdeppern oder lautstark der Liebe pflegen.

Versehen Sie ihn mit den Mitteln zur Zubereitung eines Heißgetränks. So furchtbar schwer ist das nicht. Wenn Sie am Morgen nur mit Mühe aus den Federn kommen, stellen Sie ihm eine Dose Kekse ins Zimmer. Und wenn Sie absolut keinen zweiten Wasserkessel haben und ihm den Tee auf dem Tablett servieren müssen, dann klopfen Sie an und setzen das Tablett *vor* der Tür ab. Selbst wenn Ihr Gast allein im Zimmer ist. Es ist zwar Ihr Haus, aber im Moment ist das Gästezimmer sein Revier.

Sorgen Sie auch für eine funktionierende Toilette. Gäste wollen nicht unbedingt ein dreiwöchiges Intensivstudium absolvieren, ehe sie die Spülung bei Ihnen betätigen können. Wenn es wo hapert, lassen Sie den Installateur kommen. Betrachten Sie das als kleinen Schritt zum Ziel, ein traumhafter Gastgeber zu werden.

Alles nach Plan

Wer sitzt wo?

Wenn Sie ein Essen geben müssen, bei dem es wirklich darauf ankommt, wie die Gäste plaziert werden, sind die Grundregeln einfach genug: Die wichtigste Frau sitzt rechts vom Gastgeber und der wichtigste Mann sitzt rechts von der Gastgeberin. Dann setzen Sie die Geschlechter abwechselnd, bis Sie mit der Gästeliste durch sind.

Wenn also der fabelhaft einflußreiche Sir Dickie und Lady Duckworth bei Ihnen dinieren und Sie außerdem Connie und Claudius von nebenan eingeladen haben, sieht Ihre Platzverteilung so aus:

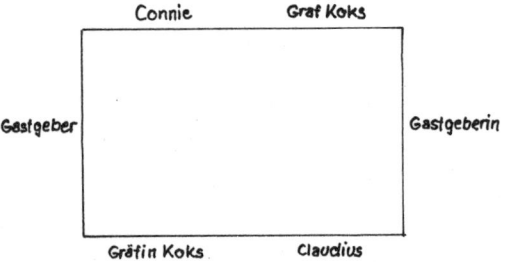

Bleibt nur noch die Frage, ob Connie und Claudius die richtige Mischung für diese Runde sind.

Wenn Sie ehrgeizig werden und obendrein noch das nette Paar aus Martinsried einladen, bekommen Sie Probleme. Acht Leute können Sie nicht schön symmetrisch anordnen. Versuchen Sie's.

Haben Sie genug Zeit, um loszugehen und einen runden Tisch zu kaufen? Damit wären alle Probleme beseitigt.

Wenn Sie aber mit einem rechteckigen Tisch geschlagen sind, können Sie einem empfindlichen Gast das Gefühl von Wichtigkeit geben, indem Sie ihn oder sie an das Ende gegenüber vom Gastgeber setzen.

Angenommen, Sie müssen den heiklen Sir Dickie, Lady Duckworth und sechs Normalsterbliche einschließlich Ihrer selbst und ihres Partners plazieren. Dann setzen Sie Sir Dickie ans eine Ende der Tafel, zu seiner Rechten die Gastgeberin und ihm gegenüber den Gastgeber. Lady Duckworth sitzt rechts vom Gastgeber, und die anderen fügen sich auch hübsch ein.

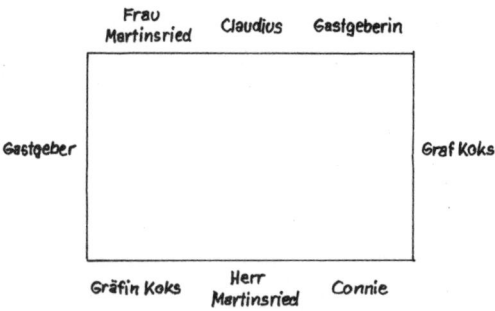

Wenn Sie die hochbedeutende Präsidentin des Drachenklubs von Bad Abbach und fünf Statisten zu Gast haben, bietet sich folgende Lösung an: Präsidentin ans eine Ende, Gastgeber rechts von Ihr, Gastgeberin ans andere Ende, Partner der Präsidentin rechts von ihr.

Gäste allerdings, die sich gegenseitig ausstechen wollen, sind schwer zu plazieren. Manchen Leuten kann man's einfach nicht recht machen.

Wenn Sie echte Probleme haben, warum komplizieren Sie sie dann nicht zusätzlich? Laden Sie noch einen Mann oder eine Frau ein. Das wird Sie zwingen, jede Hoffnung auf

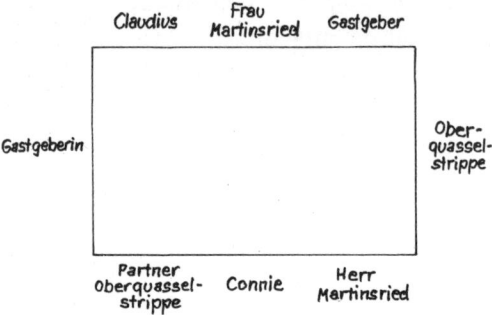

Symmetrie aufzugeben und Ihre Phantasie spielen zu lassen. Es wird auch das ermüdende Geschäft interessanter gestalten, dafür zu sorgen, daß Ehepartner einander nicht den ganzen Abend ertragen müssen und nichts geschieht, was die Würde der Ex-Königin Beryl der Ersten von der Insel Pitcaion gefährdet.

Ausländern, seien sie auch nur ein kleines bißchen hochrangig, geben Sie sicherheitshalber und höflicherweise die Ehrenplätze. Ich würde von dieser Regel bloß abweichen, wenn zu den Gästen sehr bedeutender Adel aus dem eigenen Land gehört.

Nehmen wir an, es kommt schlimm. Sie haben einen Grafen und seine Gräfin, einen Kardinal und Ihren Schwager, der Flottillenadmiral ist, seit kurzem kein Hehl daraus macht, daß er schwul ist und beherzt seinen Freund mitgebracht hat, zu plazieren. Da gibt es drei Möglichkeiten:

✳ Schlagen Sie in anderen Benimmbüchern nach.

✳ Seien Sie entschlußfreudig. Laden Sie Ihren Schwager wieder aus. Alles zu seiner Zeit, und dies ist nicht die richtige. Wenn der Kardinal Ausländer ist, setzen Sie ihn an die Spitze der Tafel. Mit einer Frau Kardinal brauchen Sie nicht zu rechnen, also können Graf und Gräfin die zweit- und drittwichtigsten Plätze kriegen, je nachdem, wer in ihrer Ehe den Ton angibt, und je nachdem, wen Sie am tiefsten beeindrucken wollen. Wenn das Paar über den Flottillenadmiral Bescheid weiß, sind Sie wahrscheinlich ohnehin auf der Verliererstraße.

✳ Sagen Sie Ihren Gästen, das Tischbein sei abgebrochen. Dann können Sie alle ins Hu Flung Dung gehen und was Vietnamesisches naschen.

Der himmlische Gast

Der gute Gast ist ein seltenes Wesen. Er versteht sich auf Pünktlichkeit, kennt den Unterschied zwischen Genug und Zuviel und kann manierlich Danke und Auf Wiedersehn sagen. Sollte einer von diesen Goldfischen in Ihren Teich schwimmen, so halten Sie ihn bei Laune.

Wenn Sie aber ein weniger hinreißender Gast sind, wenn Sie schon betrunken ankommen, sich mit anderen in die Haare geraten und bewußtlos aus dem Haus getragen werden müssen – ist es dann nicht an der Zeit, etwas dagegen zu unternehmen? Selbst wenn Ihre Fehltritte nur geringfügig sind, wäre die Welt nicht ein angenehmerer Aufenthaltsort, wenn Sie nach dem Prinzip verfahren: »Was du nicht willst, daß man dir tu, das füg auch keinem andern zu?«

Erste Lektion

Ein guter Gast sein – das geht sehr früh los. Einladungen bedürfen einer Reaktion. Eine Gastgeberin, die »Am Donnerstag kommen ein paar Leute zu uns. Kommen Sie doch auch, wenn Sie Lust haben« sagt, gibt Ihnen jeden nur erdenklichen Spielraum zum Annehmen oder Ablehnen. Wenn sie allen Eingeladenen soviel Spielraum gegeben hat, weiß sie am Ende womöglich nicht, ob sie sich auf zwanzig Gäste einstellen muß oder auf gar keinen. Egal, wie beiläufig eine Einladung ist, Sie sollten sie sich durch den Kopf gehen lassen und überlegt darauf reagieren. Besser, Sie sagen: »Ich bin bis zum späten Abend dienstlich unterwegs. Kann ich mich noch bei Ihnen blicken lassen, wenn ich erst nach zehn zurückkomme?«, als daß Sie sich ausschweigen. Haben Sie Zweifel, so wehren Sie eine mündliche Einladung ab. Es ist freundlicher und klüger, zu sagen: »Kann ich Sie morgen anrufen, wenn ich in meinem Terminkalender nachgeschaut habe« als »Phantastisch! Mit Vergnügen!« und dann den Hörer aufzulegen und »Scheiße!« zu denken.

Ablehnungen aus vorgeschobenen Gründen müssen gut durchdacht sein. Jemand vielleicht sehr Nettes, aber leider auch sehr Langweiliges hat Ihnen seine Gastfreundschaft angetragen. Die Wohlerzogenheit verlangt jetzt, daß Sie diesen Menschen taktvoll enttäuschen.

Sagen Sie nicht: »Tut mir leid, am 15.10. sind wir gerade beim Oktoberfest in München«, wenn Ihre Möchtegerngastgeberin weiß, daß das Oktoberfest da schon vorbei ist. Sagen Sie auch nicht: »Zu dumm, ausgerechnet an diesem Tag kommt die Mutter meines Mannes zum Kaffee«, wenn der Dame bekannt ist, daß die Mutter Ihres Mannes in Windhuk wohnt. Sagen Sie etwas Plausibles, das nicht in Frage gestellt werden kann. Die zehn Minuten, die es Sie kosten wird, eine überzeugende Ausrede zu finden, sind gut angelegte Zeit. Wenn Sie's richtig machen, sitzen Sie nicht mehr in der Tinte und geben der sehr netten, aber leider auch sehr langweiligen Frau das Gefühl, daß Sie ihre Einladung mit Bedauern ablehnen. Aber bloß nicht mit *zuviel* Bedauern. Denn wenn Sie zu dick auftragen, verlegt sie die Party vielleicht mit Rücksicht auf Ihr ach so volles Programm!

Wenn Sie eine Einladung annehmen, geben Sie sich Mühe und tun Sie's nett. War die Einladung so förmlich, daß sie in der dritten Person gehalten war, dann sollte sie auch so beantwortet werden. Wenn Ihnen freigestellt wird, einen Partner Ihrer Wahl mitzubringen, kündigen Sie an, ob Sie allein oder zu zweit kommen, und falls zu zweit, sagen Sie, mit wem.

Die Annahme ist auch der Zeitpunkt, Dinge zu klären, die aus der Einladung nicht deutlich hervorgegangen sind. Das gilt besonders, wenn Sie wo übernachten sollen. Was genau bedeutet: »Komm übers Wochenende zu uns aufs Land«? Ein guter Gastgeber hätte gesagt: »Komm am Freitag abend. Der günstigste Zug zurück fährt am Sonntag um 16 Uhr 10.« Wenn Ihr Gastgeber das versäumt hat, müssen Sie selbst ran. Der kürzeste Weg ist hier der gerade und zugegebenermaßen etwas direkte: »Heißt das, ich kriege am Sonntag Mittagessen bei euch? Oder wollt ihr mich gleich nach dem Frühstück rausschmeißen?«

Zweite Lektion

Wenn Sie eine Einladung angenommen haben, können Sie Ihren Auftritt planen. Das heißt, Sie können sich überlegen, wie pünktlich Sie sein müssen, was Sie anziehen und ob Sie Geschenke mitbringen wollen.

Im allgemeinen gilt: Je förmlicher das Ganze ist, desto strikter sollten Sie sich an die angegebene Zeit halten. Eine Einladung zu einem Festessen, in der Sie gebeten werden, sich zwischen sieben und halb acht einzufinden, ist auch so gemeint. Sie können ohne weiteres um 19 Uhr 15 kommen, aber wenn Sie erst um 19 Uhr 40 erscheinen, werden alle begonnen haben, ohne Sie zu speisen.

Wenn dagegen Ihre liebe Freundin Tamara sagt: »Kommt am Sonntag abend zum Essen, so um halb acht rum«, dann können Sie das gewöhnlich wie folgt interpretieren: 19 Uhr 30, Tamara im Morgenrock, deprimiert, weil sie vergessen hat, Zitronen zu kaufen; 19 Uhr 45, Manfred im Bad mit großem Whisky, Tamara fest zur Scheidung entschlossen; 20 Uhr, Waffenstillstand, Gläser zu Ende poliert, das eingemachte Kalbfleisch steht duftend auf dem Herd, und Tamara wiegt Petersilie fein. Im Morgenrock.

Natürlich kennen Sie Tamara besser als ich. In Ihrem Fall meint Tamara vielleicht, wenn sie »So um halb acht rum« sagt, jede beliebige Sekunde zwischen 19 Uhr 29 und 19 Uhr 31. Die Moral der zweiten Lektion lautet: Wissen Sie über Ihre Tamara Bescheid.

Wenn es kein warmes Essen gibt, wird der Zeitplan einer Party gleich viel lockerer. Sind Sie zu Drinks um 18 Uhr eingeladen, so würde ich Ihnen raten, nicht vor 18 Uhr 30 und nicht nach 19 Uhr zu erscheinen. Frühankömmlinge trinken meistens zu schnell und zuviel. Was soll man sonst tun, wenn man mit einer Bowle und Tamaras feindseligem Kater allein ist? Spätankömmlinge leiden unter einem Zustand, der Abstinenzlern wohlbekannt ist – Isolierung durch Nüchternheit. Alle sind Ihnen mindestens zwei Drinks voraus. Sie sind genau um dieses Quantum alberner, lauter und fröhlicher, und selbst wenn Sie wollten, könnten Sie sie nicht mehr einholen. Die Party ist ohne Sie gelaufen.

Was zieh ich nur an?

Das sollte eigentlich nicht Ihr Problem sein. Ihre Gastgeberin hätte klarstellen sollen, ob etwas Besonderes von Ihnen erwartet wird, und wenn nicht, dann hätte sie Ihnen eine Vorstellung von der Tendenz der Festivität geben sollen.

Meine Großmutter pflegte sich mit Ketten und Fuchspelzen zu umwinden, bis eine definitiv überdrehte Wirkung entstand, und dann hängte sie sich noch zwei riesengroße Ohrringe aus geschliffenem Pyrit an.

Meine Mutter hielt es anders. Sie fand, mit einem hübschen Pulli und einem ebensolchen Rock sei man immer gut bedient.

Ich habe dieses Erbe der Konfusion in Kleiderfragen bis in meine mittleren Jahre mitgeschleppt. Ich kann Ihnen nur sagen, daß ich als Gastgeberin immer hocherfreut und geschmeichelt bin, wenn Leute vor meiner Tür stehen und so aussehen, als hätten sie sich Mühe gegeben, und daß ich mich als Gast öfter beklommen gefühlt habe, wenn ich zu salopp angezogen war, als wenn ich mein schönstes Kleid anhatte.

Und Kostümfeste? Ich vermute, wer zu einem einlädt und es seinen Gästen freistellt, ob sie maskiert erscheinen wollen, kriegt, was er verdient. Das stellt man besser nicht frei. Partymuffel, Mauerblümchen, Spielverderber und alle anderen, die es nicht glücklich macht, Wams und Kniehosen zu tragen oder sich in ein Rokokomieder zu zwängen, sollten dankend ablehnen. Wer die Einladung annimmt, sollte sich zum nächsten Kostümverleih begeben und keine Kosten scheuen.

Und nun zur Frage, die alle bewegt: Bringen wir eine Flasche mit oder nicht?

Beginnen wir ganz vorn. Wie hat es angefangen mit den Fläschchen? Ich will es Ihnen sagen, zumindest fürs United Kingdom. Bei uns hat es angefangen, als völlig normale Briten den Wein für sich entdeckten. Etwa zur selben Zeit entdeckten sie auch das Vergnügen, zu Hause mit Freunden zu essen, statt ein halbes Jahr zu sparen und dann ins Restaurant zu gehen. Hauptsächlich waren es die jungen Leute. Sie legten sich die gänzlich fremdländische Gewohnheit zu, viele Menschen billig und üppig mit Pasta zu bewirten und bei Tisch zu sitzen und über die Bücher von R. D. Laing zu diskutieren, bis der Wein alle war.

Those were the days, my friends! Als junge Leute waren sie natürlich knapp bei Kasse. Aber das spielte keine Rolle. Becky machte den Fisch, Nick sorgte für den Käse, und alle brachten eine Flasche mit. Phantastisch!

Nun, alte Gewohnheiten verlieren sich nicht so schnell. Die Küchentischrevolutionäre sind jetzt in den Vierzigern oder Fünfzigern. Sie haben Alarmanlagen und Zweitwohnungen in den Cevennen. Wenn sie uns zum Essen einladen, brauchen und erwarten sie eigentlich keinen Beitrag mehr von uns. Und trotzdem gibt es noch viele unsichere Gäste, die verlegen mit einer Tragetasche vom Getränkemarkt auf der Schwelle stehen.

In der Zeit des vergnügten Alles-in-einen-Topf-Werfens war es völlig klar, wie Sie Ihr Fläschchen verwendet wissen wollten. Es sollte ausgetrunken werden. Und zwar sofort. Aber was passiert, wenn Sie heute ein Fläschchen mitbringen? Es kann sein, daß Ihr Gastgeber es öffnet. Aber wahrscheinlich hat er Besseres damit vor. Vielleicht legt er's für eine andere Gelegenheit in sein Weinregal. Und Sie? Sind Sie dann beleidigt? Am besten betrachten Sie das Dilemma so: Wein ist eines von vielen Konsumgütern. Kein Beweis für Ihre Großzügigkeit oder Ihre Kultiviertheit. Sondern einfach was zu trinken. Gesetzt den Fall, Sie würden Ihrer Gastgeberin ein Glas selbstgemachte Preiselbeermarmelade schenken. Wären Sie dann sauer, wenn die sie nicht unverzüglich mit dem Hasenrücken servieren würde?

Wir könnten alle gut und gern aufhören, ein Fläschchen mitzubringen. Wir könnten uns auf ein Moratorium einigen. Mir haben die Leute ohnehin selten eine Flasche mitgebracht, weil sie wissen, daß ich mit dem Wein persönlich verheiratet bin.

»Eulen nach Athen!« rufen sie, beziehungsweise, da sie

Briten sind, *»Coals to Newcastle!«*, was daher kommt, daß Newcastle mal ein Hafen war, in dem überreichlich Kohle verschifft wurde, und schenken mir statt des Weins Blumen. Ich wäre froh, wenn sie mit leeren Händen kämen. Wirklich. Aber Blumen sind etwas Hübsches, und Pralinen sind etwas Feines. Die Krönung ist der Gast, der mit Eiern eintrifft, noch warm von der ... nun ja, wo immer Eier herkommen.

Wenn ich aber von jungen Leuten eingeladen werde, die mit ihren Finanzen zu kämpfen haben und nicht wissen, woher sie die nächste Mahlzeit kriegen sollen, bringe ich natürlich eine Flasche mit. Eine möglichst große.

Dritte Lektion
Gegessen wird, was auf den Tisch kommt

Jeder zweite Mensch, dem Sie heutzutage begegnen, scheint sich an irgendwelche Diätvorschriften halten zu müssen. Dabei geht es in den seltensten Fällen um Leben und Tod. Aber es wird zunehmend schwieriger, die Zähne in einen Cocktailhappen mit Kokosraspeln zu schlagen, ohne daß einem der nette Nachbar am Tisch die Symptome seines von Kokosraspelverzehr verursachten Reizmagens aufzählt.

Ich muß doch *sehr* bitten! Gute Gäste tun das nicht. Gute Gäste sagen: »Mir kein Geflügel, Kirsten. Die Kartoffeln sehen einfach köstlich aus!« Gute Gäste mit echten Problemen rufen rechtzeitig an und sagen: »Kirsten, ich bin zu einer hundsgemeinen Diät vergattert worden. Kein Fleisch, kein Weißmehl, keine Milchprodukte. Bist du sicher, daß du mich am Hals haben willst?« Und wenn Kirsten eine gute Freundin und eine gute Gastgeberin ist, wird sie antworten: »Überhaupt kein Problem. Wir essen eines von den schätzungsweise hundertzwanzig Gerichten, die du essen darfst.«

Gute Gäste drücken sich höflich vor dem, was sie nicht mögen. Sie spielen ernsthaft, aber ergebnislos mit Speisen und Getränken herum, die sie nicht zu sich nehmen wollen. Und sie reden. Wenn ein Gast in ein angeregtes Gespräch mit einem anderen Gast verwickelt ist, kommt niemand auf die Idee, er sei eingeschnappt, weil es Leber mit Kohlrabi gibt.

Das beste Beispiel für einen guten Gast ist unsere Queen. Sie meinen, daß Sie manches gelitten haben? Sie möchten uns von Michaela und dem grausigen Kalbsbries erzählen? Die Queen könnte Ihnen da ganz andere Sachen erzählen. Eine Frau mit ganz normalem Geschmack, der mehr abscheuliche regionale Spezialitäten vorgesetzt worden sind als jedem anderen Menschen auf Erden. Sie *könnte* Ihnen was erzählen. Wenn sie nicht so wohlerzogen wäre.

Fünf Dinge, die gute Gäste nicht sagen:

❊ Ist das etwa aus Südafrika?
❊ Haben Sie das ZEIT-Dossier über Fadenwürmer in Fischen gelesen?
❊ Was machen Lindas süße kleine Kaninchen?
❊ Wenn ich nicht mehr esse als drei Oliven und ein Sardellenfilet, haut's mit den Kalorien für heute vielleicht noch hin.
❊ … das war am Dienstag. Am Mittwoch hatte ich plötzlich einen Trommelbauch, fürchterliche kolikartige Schmerzen, und um 3 Uhr nachmittags hatte ich gerade meine Squashpartie verschoben und Rosy angerufen, um ihr zu sagen, daß ich schon unterwegs bin – da ging es plötzlich mit dem Durchfall los. Giftgrün, sehr wäßrig, und es brannte dermaßen, daß es mir buchstäblich den Schließmuskel versengt hat. Lag an der Meeräsche, davon bin ich überzeugt. Jedenfalls war meine Zunge dick belegt, und

dann bekam ich so ein Ding an der Unterlippe. Das platzte schließlich auf und hat noch wochenlang genäßt. Haben wir uns eigentlich seit meiner Vasektomie schon gesehen?

Und fünf Dinge, die gute Gäste nicht tun:

* Partner mitbringen, die nicht eingeladen sind, ebenso Partner mit einem anderen Namen als dem, den sie ihrem Gastgeber genannt haben, oder einem anderen Geschlecht als dem, das sie ihrem Gastgeber angekündigt haben.
* Bei der Ankunft herausposaunen, wie genervt, kaputt, schlechtgelaunt, angetrunken, knurrig oder selbstmordreif sie sind.
* So tun, als gehörte aller Whisky, alle Atemluft und alle Kommunikationswege ihnen.
* Tätscheln, füßeln, stupsen und auf andere Weise techtelmechteln, es sei denn, sie wären ausdrücklich dazu aufgefordert worden.
* Länger bleiben als erwünscht.

Vierte Lektion
Wie man sich verabschiedet

Manchmal besteht ein realer und unausweichlicher Grund, frühzeitig zu gehen. Wenn Sie wissen, daß das der Fall sein wird, sollten Sie Ihren Gastgeber vorwarnen. Dann wird er Sie – vorausgesetzt, er ist ein guter Gastgeber – ohne Protest ziehen lassen.

Ab und zu merkt man erst während der Festivität, daß es zu spät für einen wird. Manche Gastgeber sagen: »Um acht gibt's Essen«, und lassen einen dann zwei Stunden hungern.

Manche Gastgeber vergessen, daß manche Leute Babysitter haben, die nicht bis in alle Ewigkeit warten können. In solchen Situationen müssen Sie Ihre guten Manieren verleugnen, weil Ihre Gastgeber so gedankenlos sind. Sie müssen mit Entschiedenheit darlegen, warum Sie gehen. Und dann müssen Sie's tun.

Gehen können ist eine Kunst. Möchten Sie gehen, weil jemand anderer Sie auf den Gedanken gebracht hat zu fliehen, so hüten Sie sich davor, eine Massenabwanderung zu verursachen. Es ist entnervend für eine Gastgeberin, wenn sie im einen Moment zehn Menschen um sich hat, die Tiramisu futtern, und im nächsten mit der Geschirrspülmaschine allein ist.

Bringen Sie's Ihren Gastgebern schonend bei. »Herbert, Rita, es war vorzüglich. Wir haben dem Babysitter fest versprochen, daß wir vor Mitternacht wieder zu Hause sind, also müssen wir bald los. Aber den Kaffee trinken wir gerne noch mit.«

Und wenn dann Ihr Moment gekommen ist, handeln Sie entschlossen. Sagen Sie »Danke und auf Wiedersehn« und gehen Sie. Es gibt nichts Schlimmeres als einen scheidenden Gast, der auf jedem Meter seines Weges nach draußen ein neues Gespräch anfängt. Öffnen Sie die Tür und schreiten Sie hindurch. Zischen Sie ab! Ziehen Sie Leine! Verdünnisieren Sie sich! Kurz, gehen Sie, verdammt noch mal!

Fünfte Lektion
Schreiben Sie am nächsten Morgen Ihren Gastgebern und bedanken Sie sich

Das ist vielleicht das letzte, wozu Sie Lust haben. Aber einen Lammbraten für Sie zu machen und sich Ihre Probleme mit den Handwerkern anzuhören, war vielleicht auch das letzte, wozu Rita und Herbert Lust hatten. Langen Sie sich Ihren Füller her und schreiben Sie ihnen was Nettes. Einer meiner Lieblingsgäste tut das binnen achtundvierzig Stunden. In seinem Brief zählt er immer mindestens zwei Dinge auf, die ihm besonders gut gefallen haben. Ein anderer läßt den Abend per Postkarte Revue passieren, und zwar im Stil einer Theaterkritik: »Ich habe Tränen gelacht, phantastisch! Pikantes Essen, ein wackliger Start und ein furioses Finale!« Diese reizenden und aufmerksamen Freunde sorgen dafür, daß es sich lohnt. Sie gleichen all das Schweigen aus, das so vielfältig interpretiert werden kann.

Behalten Sie das im Kopf, wenn Sie nächstes Mal jemand einlädt, und greifen Sie nach dem Alka-Seltzer zu Ihrem Schreibzeug.

Sport, Spiel und fröhliche Jagd

Gehen Sie nicht mit Fußballstiefeln oder mit Pfennigabsätzen auf See. Wenn der Skipper »Klar zur Wende« ruft, ducken Sie sich schnell. Spucken und pinkeln Sie nicht gegen den Wind.

Haben Sie in Ihrem Leben noch nichts Gefährlicheres geritten als einen Esel, so lehnen Sie dankend ab, wenn Ihnen der Gastgeber, der Sie zur Parforcejagd eingeladen hat, ein Pferd anbietet. Verfüttern Sie keine süßen Sachen an Jagdhunde. Fliegt ein Vogel zwischen zwei Gewehren auf, so darf der Ranghöhere zuerst losballern. Im Falle eines Mißgeschicks können Sie handfeste Andeutungen machen, aber Sie sollten nicht expressis verbis sagen, wer Sie angeschossen hat.

Wenn Sie zu einem Rennen eingeladen werden, klären Sie ab, um welche Art Rennen es sich handelt. Bei Windhundrennen (*greyhound races*) tragen Sie sich gemäßigt. Bei Flachrennen (Rennen ohne Hindernisse, *flat races*) ziehen Sie Schuhe an, die Ihnen Halt geben, falls die Bahn sehr weich ist. Bei Geländejagdrennen (*point-to-points*) bekleiden Sie sich mit einem warmen Unterhemd und drei Pullovern. Zusätzlich sollten Sie sich in einen mehrfach wattierten Anorak hüllen.

Haben Sie's nicht zu eilig.

Fragen Sie nie, wie lange es denn noch dauert.

Glaubwürdige Gewährsleute versichern mir, daß kein Kontinentaleuropäer die Kricketregeln begreift. Trotzdem hier die wichtigste: Treten Sie nicht hinter den Arm des Werfers.

Guter Rat in Kleiderfragen

In viktorianischen Zeiten war es ein Schock, wenn man flüchtig ein bestrumpftes Frauenbein sah. Als ich jung war, galt es als sehr gewagt, ein T-Shirt ohne Büstenhalter zu tragen. Heute tragen die Mädchen Longline-BHs ohne T-Shirt. Und so gilt scheinbar: *anything goes*. Aber stimmt das auch?

Wenn Sie den Ehrgeiz haben, auf die Konvention zu pfeifen und absolut und überall das anzuziehen, was Ihnen gefällt, müssen Sie entweder sehr alt oder sehr selbstsicher sein, und sehr selbstsicher sind Sie gewöhnlich erst, wenn Sie sehr alt sind. Es ist eine der wenigen Tröstungen des Alters, daß Sie selbst im Supermarkt ungestraft eine Federboa tragen können.

Die gegenwärtige Mode ist streckenweise eine Ungezogenheit an sich. Insbesondere wegen der Kleider, die zuviel von etwas zeigen. Meistens von etwas Weiblichem. Bevor Sie sehr kurze oder sehr tief ausgeschnittene Sachen anziehen, sollten Sie sich folgendes fragen:

»Wie können Unbeteiligte dem Anblick meines Höschens oder meines Nabels entgehen?«

Wenn die Antwort lautet: »Nur indem sie ihren Kopf in eine Einkaufstüte stecken«, sollten Sie sich weiter fragen:

»Ist es nicht reichlich unhöflich, ihnen keine andere Ausweichmöglichkeit zu lassen?«

Die meisten von uns – welch ein Glück für den Fortbestand der Menschheit – kennen jemanden, der unsere Höschen gern sieht. Ist das nicht genug? Sollten wir nicht den Kassierer bei der Bank und den älteren Herrn, der uns im Bus gegenübersitzt, in Frieden lassen, damit sie von den Höschen ihrer Wahl träumen können?

Ich höre schon ein paar Millionen Männer murren: »Das ist der feministische Gegenschlag. Nur weil Laurie Graham es sich nicht leisten kann, einen Minirock und ein Lurex-Bustier-Set zu tragen, will sie, daß all die tollen Miezen in Sack und Asche gehen!« Mitnichten. Ich meine nur, daß der Anblick von wabbeligem Fleisch, Gänsehaut und den oberen acht Zentimetern eines, mit Verlaub, Bierkutscherhinterns zu den Dingen im Leben gehören sollte, die man sich selbst aussuchen kann.

Die meisten Leute wissen genau, was sie anziehen wollen. Sie wissen bereits mit fünfundzwanzig, ob sie in pastellfarbene Kaufhauskleider oder in etwas Kühnes aus Japan gehören. Und danach kommen sie nur noch dann ins Schleudern, wenn sie plötzlich andere Menschen sein wollen oder zu einem grandiosen Ereignis eingeladen sind.

Es ist selten, daß jemand weniger wohlhabend und kultiviert wirken möchte, als er ist, aber es kommt vor. Sich untertrieben zu kleiden, kann ein Glanzstück schlechten Benehmens sein. Tut man's mit Bravour, so fühlen sich alle anderen auf protzige Weise overdressed. Versuchen Sie es nächstes Mal, wenn Sie zu spät kommen und entdecken, daß der Rest der Gesellschaft Smoking trägt. Sagen Sie: »Bitte! Es wäre mir furchtbar, wenn jetzt jemand verlegen wäre! Und außerdem seht ihr wirklich nett aus!« So machen Sie's nicht richtig, sondern grundfalsch – aber immerhin mit Schwung.

In den meisten Fällen ist es ein Kampf, wenn man anders wirken will. Es läßt sich erreichen, aber meiner Erfahrung nach nicht, wenn wir auf die Polyesteranzüge für 99 Mark 99 zusteuern. Die Moderedaktionen sagen uns, wenn wir uns keine Sachen von Karl Lagerfeld leisten können, sollen wir Hemden aus reiner Baumwolle, Kaschmirpullover und Wollhosen kaufen. Die Moderedaktionen haben völlig recht. Viskose sieht wie Viskose aus, das merke ich jedesmal, wenn ich welche trage. Zu kurze oder zu lange Ärmel machen einen nervös, und Nervosität untergräbt das Selbstvertrauen. Billige Knöpfe sehen nicht billig aus, bis man welche sieht, die nicht billig sind. Dasselbe gilt für Plastikgürtel und Schuhe. Der Rat, den Großmütter und Schweizer Pensionate seit Jahrzehnten geben, ist überaus langweilig und überaus vernünftig. Ungeputzte Schuhe, lose Säume und Handtaschen voll alter Lippenstifte und Busfahrkarten haben noch nie jemandem geholfen, sich fabelhaft zu fühlen. Legen Sie sich eine Kleiderbürste zu. Benutzen Sie sie.

Von Zeit zu Zeit müssen wir uns alle an Orte begeben, wo die Kleidung vorgeschrieben ist. Da entdecken Sie, ob Sie ein mutiger Mensch, ein Feigling oder ein Stänkerer sind.

Wir sollten damit beginnen, daß wir zwischen privaten und öffentlichen Anlässen unterscheiden. Wenn Sie eine Einladung annehmen, dann ganz – oder gar nicht. Wenn Ihnen altmodische Regeln in Privathäusern mißfallen, sollten Sie aufhören, mit altmodischen Leuten zu verkehren.

Black Tie, White Tie, Morning Dress (Sie sind wieder mal im United Kingdom!), Pappnase – was auch vorgeschrieben ist, Sie müssen sich dem Geist der Veranstaltung anpassen oder zu Hause beziehungsweise im Hotel bleiben oder wo immer Sie wohnen.

Wenn Sie ausgehen und selbst dafür bezahlen, kann die Frage nach der korrekten Kleidung anders beantwortet werden. Gehen Sie nur dahin, wo Sie sich wohl fühlen. Ich nehme Gäste grundsätzlich nicht in Restaurants mit, die auf Schlips und Kragen bestehen. Das bringt meine Freunde und mich zwar um manches hervorragende Essen (und ab und zu obsiegt dann doch meine Gefräßigkeit), aber es stört mich, daß sich diejenigen, die sich um die Qualität von Speisen und Getränken kümmern sollten, statt dessen mit der vermeintlichen Bedrohung durch Jeans oder Lederjacken befassen.

Soviel ich weiß, gibt es bei uns keine Restaurants mehr, die wegen Frauen mit Hosen in Ohnmacht fallen, aber es gibt noch einige, die Männern in bunten Hemden die Tür weisen. Ich würde einem halbwegs amüsanten Mann selbst dann eine Mahlzeit nicht vorenthalten, wenn er in Boxershorts käme. Bisher ist das nicht passiert, aber das kann ja noch kommen. Aber eigentlich wollte ich folgendes sagen: Solange wir uns bei Tisch anständig benehmen und unsere Rechnung bezahlen, sollte es uns überlassen bleiben, auf welche Kleidungsstücke wir unsere Suppe kleckern. Wenn uns das nicht zugestanden wird, besuchen wir eben andere Restaurants.

So weit, so gut. Aber was genau bedeutet *Black Tie*? Und *White Tie*? Und *Morning Dress*?

Darum brauchen Sie sich im Theater und in der Oper nicht zu kümmern. Denn da können Sie im UK tragen, was Ihnen gefällt. Viele Leute gehen mittlerweile im Sweat-Shirt ins Covent Garden, Londons großes Opernhaus, um zu beweisen, wie cool sie in punkto Kultur sind. Allerdings tun mir die Leute leid, die sich über jeden Grund zum Sichfeinmachen freuen. Neulich habe ich in einem Konzertsaal in der Provinz so ziemlich alles vom Abendkleid mit Pelzstola bis zum Dufflecoat gesehen. Irgendwie war die Pelzstola die große Verliererin. Vor lauter Aufregung wegen des Konzerts und vor lauter Eile, für acht Leute Abendessen zu machen und die Karten, die wir verlegt hatten, wiederzufinden, bin ich selbst schließlich in einem Jogginganzug dagewesen. Der Anzug war zwar ganz sauber, und im Konzertsaal war es grausam kalt. Trotzdem schien mir im nachhinein, ein bißchen mehr Glanz wäre eine schöne Geste gewesen, um meine Vorfreude und meine Dankbarkeit für eine beachtliche künstlerische Leistung zu zeigen.

Black Tie bedeutet für den Mann Smokingjacke, dazu passende Hose, weißes Frackhemd und schwarze Fliege und für seine Partnerin einen Besuch beim Hellseher. Denn offenbar weiß es niemand mehr genau. Lange Abendkleider werden immer weniger getragen, also müßte es etwas Kurzes, aber Besonderes tun, und eigentlich sollte auch eine, sagen wir, Abendhose genügen, aber bei manchen Gelegenheiten …

Ich habe viele Menschen um Rat gefragt. Die beliebteste Lösung ist, sich bei der Gastgeberin zu erkundigen, was sie trägt. Und danach richtet man sich.

Aber können Sie der Frau wirklich trauen? Man findet in allen Ländern Gastgeberinnen, die ein bißchen boshaft sind. Sie sagen;»Oh, irgendwas Kurzes. Es braucht nicht neu zu sein.« Und dann begrüßt sie Sie an der Tür in einem sechstausend Mark teuren bodenlangen Gewand.

Manchmal können Sie sich auch nicht bei der Gastgeberin erkundigen. Manchmal ist da nur ein Gastgeber, dem Kleiderfragen völlig egal sind. Vor nicht allzu langer Zeit war ich selbst in dieser Lage. Auf der Einladungskarte stand *Black Tie*. Also erkundigte ich mich bei dem Mann, der an jenem Abend mein Partner sein sollte.

»Guter Gott«, stöhnte er, »ein Kleid doch wohl. Meinst du nicht?«

Ich fragte: »Läßt man mir da auch eine Hose durchgehen, wenn sie besonders schön ist?«

»Eine Hose?« sagte er. »Ich glaube schon. Also, eine Hose. Oder vielleicht doch ein Kleid? Je nachdem.«

Ich muß gestehen, daß ich diese Verwirrung als Gelegenheit betrachtete, aufsässig zu sein. Ich verstieß gegen die Regeln. Ich zog meine besonders schöne Hose an. Meinem Partner fiel es nicht weiter auf. Und so begaben wir uns zu einem Festessen in einem hochnoblen College. Der Pförtner erbleichte, zwei Professoren am High table erlitten einen

Herzstillstand, und der Hausdiener sagte mir, ich sähe *wonderful* aus. Vielleicht ziehe ich nächstes Mal lieber ein Kleid an. Vielleicht auch nicht.

White Tie bedeutet große Gala. Außer in königlichen und diplomatischen Kreisen wird das heute nur noch selten verlangt.

Wenn Sie ein Mann sind, tragen Sie eine weiße Fliege und dazu einen Frack. Sie ziehen keine graue Wollweste drunter an und verzichten auf die drei Kugelschreiber in Ihrer Brusttasche. Wenn Sie eine Frau sind, haben Sie die Gelegenheit, ein Ballkleid zu tragen. Aber Sie sollten eines wissen: Manche Leute finden bloße Frauenschultern bei Tisch höchst unschicklich. Wenn Sie also mit altem Geld dinieren und *White Tie* angesagt ist, vergessen Sie nicht, ein bißchen Stola um Ihr Dekolleté zu drapieren, zumindest bis der Fleischgang abgetragen ist.

Morning Dress ist strenggenommen der Stresemann – Cut mit gestreifter Hose – und überdies etwas Magisches. Damit sähe sogar ein Kegelklub oder die britische Darts-Nationalmannschaft hinreißend aus.

Im UK gibt es beim *Morning Dress* viele Abwandlungen. Sie können sich also aussuchen, was Ihnen gefällt. Einen schwarzen Zylinder. Einen grauen Zylinder mit schwarzem Band. Einen schwarzen Cut. Einen grauen Cut. Eine einreihige Weste. Eine zweireihige Weste. Eine Krawatte in uni. Oder eine getüpfelte. Sie könnten den Rest Ihres Lebens allein mit dem Versuch verbringen, sich zu entscheiden. *Morning Dress* wird manchmal bei Hochzeiten verlangt.

Auch bei gewissen anderen öffentlichen Anlässen, zum Beispiel im *Royal Enclosure* in Ascot.

Aber seien Sie getrost. Ins *Royal Enclosure* kommen Sie wahrscheinlich nur, wenn Sie schon mal drin waren, und das ist nicht anzunehmen. Seien Sie nicht traurig deswegen. Sie werden auf der Haupttribüne bestimmt genausoviel Spaß haben. Wenn Sie aber eine Frau sind und sich unter den Auserwählten in Ascot oder Epsom befinden, müssen Sie ein vorschriftsmäßig festliches Kleid und einen Hut tragen. Das ist unverzichtbar.

Am leichtesten mit der Kleiderordnung in Konflikt geraten können Sie bei der *Royal Regatta* in Henley. Damen mit Hosen, Jeansröcken, Hosenröcken, kniefreien Röcken und Jeans sind nicht zugelassen, und Herren müssen einen Anzug, einen Blazer mit Flanellhose und eine Krawatte oder eine Halsbinde tragen. Henley ist wahrscheinlich der letzte Ort auf Erden, wo Sie in großer Zahl Männer mit Halsbinden besichtigen können.

Der beste Platz in Henley ist die Steward's Enclosure. Wenn Ihr Onkel Mitglied ist, sind Sie so gut wie drin. Sonst brauchen Sie ein Mitglied, das für Sie bürgt und ein zweites, das den Antrag unterstützt, und dann müssen Sie neunundneunzig Jahre warten, bis Ihr Name auf der Warteliste nach oben wandert und entschieden wird, ob Sie vom rechten Tuch geschnitten sind ...

Für Glyndebourne – dort werden in ländlicher Umgebung Opern dargeboten – empfehle ich Abendkleid oder -anzug, einen wasserdichten Ölhut und hohe Gummistiefel.

Zum *Scottish country dancing* sollten Sie sich nicht im trägerlosen Kleid einfinden. Warum nicht? Ziehen Sie Ihres mal an, bevor Sie hingehen, und proben Sie mit Ihrem Partner einen Gay Gordon. Sie könnten eine ziemliche Offenbarung erleben.

Wir kommen zu den Handschuhen.

Je älter Sie werden, desto eher wird man Sie zu der Art von Banketten einladen, bei denen frau lange Handschuhe trägt. Das fällt zeitlich damit zusammen, daß sich Ihre

Oberarme, wenn Sie Glück haben, in Sahnequark mit kleinen Grübchen verwandeln oder, wenn Sie dem Durchschnitt entsprechen, in wabbelndes Walfleisch. Wieder ein Beispiel dafür, wie gemein das Leben sein kann.

Die langen Handschuhe lassen sich am Handgelenk öffnen und herunterrollen. Oder ausziehen. Tun Sie letzteres. Heruntergerollt sehen sie unsagbar scheußlich aus. Schmuck trägt man im Zusammenhang mit Handschuhen wie folgt: Armreife *darüber*, Ringe *darunter*. Es sei denn, Alexis Carrington Colby Carrington wäre Ihr Vorbild.

In diesem Fall müssen Sie auch wissen, wie man mit Schleierhüten und Pelzen umgeht:

✳ Wenn Sie Sushi essen oder sich eine Zigarette anzünden, sollte der Schleier gelüftet werden. Süffeln Sie Champagner oder spielen Sie den Vamp, so kann er gefahrlos unten bleiben.

✳ Pelze sehen am besten an ihren natürlichen Besitzern aus. Ebenso Schlangen- und Krokoleder. Und Elfenbein sowieso. Wie wäre es statt dessen mit größeren Schulterpolstern?

So binden Sie Ihre Fliege selbst

Zuerst die gute Nachricht.

Jeder kann es lernen. Wenn Sie in der Lage sind, Ihre Schuhe selbst zuzubinden, kriegen Sie auch eine Fliege hin. Falls Sie mit dem Schuhezubinden nicht klarkommen, warten Sie das Erscheinen meines nächsten Buches ab ...

Erste Lektion

Sie benötigen: 1 Fliege
1 Bein – Ihr eigenes genügt

Ziehen Sie den Stoff der Länge nach unterm Knie durch und nehmen Sie je ein Ende in jede Hand. Schließen Sie die Augen. Tun Sie so, als wollten Sie Ihre Schuhe zubinden. Öffnen Sie die Augen. Was haben Sie getan? Sie haben eine Fliege gebunden. Zugegeben, Sie haben sie vielleicht nicht so gut gebunden, daß es für den Neujahrsempfang bei Ihrem Bundespräsidenten reicht, und ich würde Ihnen auch raten, die Fliege dort nicht ums Knie zu tragen. Aber immerhin haben Sie sich bewiesen, daß Sie ein eigensinniges, glattes Stück Stoff in so was wie eine Fliege verwandeln können.

Bevor Sie das Ding abnehmen, machen Sie ein kleines Spielchen damit. Indem Sie die beiden Schleifen der Fliege in entgegengesetzte Richtungen ziehen, können Sie diese straffen und zurechtrücken. Na bitte! Durch solche Geschicklichkeit kam der erste Spießbraten in einer Höhle zustande.

Zweite Lektion

Sie benötigen: 1 Fliege
                 1 Hals
                 1 Spiegel

Von nun an meine ich, wenn ich »links« und »rechts« sage, links und rechts wie im Spiegel gesehen. Ein Lehrbuch über die Theorie der Reflexion brauchen Sie deswegen nicht zu studieren.

Legen Sie den Stoff um Ihren Hals. Das linke Ende muß ungefähr fünf Zentimeter tiefer hängen als das rechte. Schlingen Sie das linke Ende um das rechte Ende, gerade so, als wollten Sie einen Knoten binden.

Wenn Sie gründlich nachdenken, werden Sie darauf kommen, daß das, was bisher links war, jetzt rechts ist und umgekehrt. Lassen Sie sich's nicht verdrießen. Behalten Sie nur im Gedächtnis, daß ich nach wie vor, wenn ich »links« sage, das meine, was sich in Ihrem Spiegel so darstellt.

Das linke Ende ist jetzt kürzer als das rechte.

Machen Sie eine Schleife aus dem linken Ende. Der geschlossene Teil der Schleife sollte nach links zeigen. Halten Sie die Schleife mit Ihrem linken Daumen und Ihrem linken Zeigefinger fest. Ihre Daumen sind jetzt von entscheidender Bedeutung. Passen Sie gut auf sie auf.

Sie halten die Schleife nach wie vor mit der linken Hand und drapieren das rechte Ende so, daß es direkt vor der Schleife hängt.

Und jetzt schieben Sie dieses baumelnde Etwas hinter der linken Schleife hoch. Dies ist der Moment, in dem die Leute in Panik geraten. Sie rufen mich an und sagen: »Laurie, ich kann's doch nirgendwohin tun?!«

Gar nicht wahr. Es gibt ein kleines Schlupfloch, das Sie

für ebendiesen Moment frei gehalten haben. Machen Sie weiter mit Ihrer Schleife. Führen Sie das rechte Ende nach unten. Vergewissern Sie sich Ihres linken Daumens. Er müßte jetzt in einem kleinen Stofftunnel festsitzen. Und in diesen Tunnel tun Sie das baumelnde Etwas. Stochern Sie herum, bis Sie ihn gefunden haben. Und dann stecken Sie die Schleife durch.

Nun haben Sie zwei Schleifen. Mehr noch: Sie haben eine komplette Fliege. Herzlichen Glückwunsch.

Dritte Lektion

Ziehen Sie die Fliege auf und wiederholen Sie das Ganze.

Klarheit für verwirrte Gäste

»Rufen Sie an und fragen Sie« war der Ratschlag für Gäste, die nicht wissen, was sie anziehen sollen. Aber was ist, wenn Sie die Antwort nicht verstehen?

»It's just supper in the kitchen«, nur ein Abendessen in der Küche. Heißt dechiffriert:

Sehr, sehr leger. Ausgebeulte Jeans, wohnliche alte Pullis und sogar, wenn Sie's nicht lassen können, das Gewand, das niemanden vorteilhaft kleidet, der älter als zehn ist: ein Trainingsanzug.

»Oh, whatever you're happiest in. Truly!« (»Worin Sie sich am wohlsten fühlen. Ehrlich!«) Heißt:

Männer brauchen nicht unbedingt einen Anzug zu tragen. Krawatten nach Belieben. Himmlisch flache Schuhe für Frauen, Rock oder Hose, wie Sie mögen, aber kämmen Sie sich die Haare.

»We don't dress« heißt nicht, daß wir uns nicht anziehen, sondern:

Anzug und Krawatte. Glanz in Gestalt von Samt und Seide, aber kein bloßes Fleisch.

»We're dressing« heißt:

Wir machen uns stinkfein. Smokingjacke. Sagenhaft schönes Kleid, Schmuck, streckenweise bloßes Fleisch und hohe Absätze.

Fünf Leitsätze für Ihre Garderobe,
wenn Sie nie Anstoß erregen wollen

Das Kunstvoll-Perfekte sollte vor Ihrem Auftritt ein bißchen zerzaust oder verkrumpelt werden.

Effektheischende Gegenstände stiften Sie am besten der Welthungerhilfe.

Im Zweifelsfall entscheiden Sie sich für Dunkelblau.

Wenn Sie sich für Dunkelblau entschieden haben, verwenden Sie eine Kleiderbürste.

Schauen Sie sich im Spiegel auch von hinten an.

Und fünf ebensolche für
ein spannendes Leben

Eine Frau, die den Mut zu festen Überzeugungen hat, speist manchmal allein.

Ein Mann, der geschmacklose Krawatten trägt, ist immer im Gespräch.

Im Zweifelsfall hängen Sie sich noch ein paar Klunker mehr an.

Dulden Sie keine Beratung in der Frage, welche Farben Ihnen am besten stehen.

Verlassen Sie sich getrost darauf, daß es auch im Jenseits T-Shirts mit Werbeaufdrucken gibt.

Ellenbogen auf dem Tisch

Gute Tischmanieren sind, auf den einfachsten Nenner gebracht, die zahlreichen Techniken, Essen vom Teller zum Mund und weiter in den Magen zu befördern, ohne daß die Schallmauer durchbrochen, die Katze erschreckt und irgend jemand von den Anwesenden gezwungen wird, eine Öljacke zu tragen. Eine ruhige Hand hilft dabei. Auch die Fähigkeit, durch die Nase zu atmen, ist wichtig. Wenn Sie all das schaffen, werden Ihnen die meisten Menschen Perlzwiebeln nachsehen, die Sie auf eine Flugreise durch den Raum schicken.

Die Kontinentaleuropäer schätzen es, wenn Leute beim Essen geradesitzen und die Handgelenke sacht auf der Tischkante ruhen lassen. Lehren Sie Ihre Kinder, sämtliche Mahlzeiten in dieser Haltung einzunehmen, und sie werden überall Ehre einlegen. Wenn ich nächstes Mal Kinder zu erziehen habe, werde ich daran denken. Die britische Grundhaltung – vornübergebeugt in freudiger Erwartung des *suet pudding* (einer Süßspeise aus Mehl, Rindertalg und Brotkrumen) – ist nicht halb so elegant. Auch daß sie die Hände im Schoß halten, nicht. Hände in einem fremden Schoß wiederum gehören ins Schlafzimmer.

Servietten scheinen am nützlichsten zu sein, wenn man sie sich umbindet. Korrekterweise werden sie jedoch über den Schoß gebreitet, es sei denn, man wäre noch keine drei Jahre alt. Wenn Ihnen die Serviette runterfällt, dann lassen Sie sie liegen. Fummeln Sie nach einer verlorenen Serviette, so kommen Sie nur zu leicht in unerwünschten Kontakt mit den Fesseln und Fußknöcheln anderer Menschen.

Die Zahl der Speisen, die kompliziert zu essen sind oder

langwieriger Initiationsriten bedürfen, ist glücklicherweise begrenzt. Die nachfolgende Liste weist Lücken auf. Das haben Listen so an sich. Und manche Leute werden hier Anleitungen finden, die sie für höchst überflüssig halten. »Na, hören Sie mal! Das gibt's doch nicht, daß jemand nicht weiß, wie man Krebse ißt!«

Egal. Jeder von uns hat ein Teufelchen in sich, das da flüstert: »Pulen wir's aus und schauen nach, was es ist? Oder gehört das zur Tischdekoration?«

Solche Listen fangen immer mit A wie Artischocken an. Diese ist anders. Wir beginnen mit Wassertieren, die Sie ansehen! Sie könnten Ihnen schon bei Ihrer nächsten Urlaubsreise auf einer britischen Speisekarte begegnen, darum führen wir alles englisch auf und nennen Ihnen die deutsche Übersetzung.

Trout – Forelle
Ignorieren Sie ihren Starrblick. Essen Sie zunächst von der oben liegenden Seite. Nehmen Sie Messer und Gabel dazu. Die Haut ist genießbar. Essen Sie sie, wenn Sie Haut mögen. Inzwischen haben Sie die Mittelgräte vielleicht so weit gelockert, daß Sie sie vom Fleisch darunter abheben können, und wenn Sie schon dabei sind, können Sie auch gleich den Kopf mit entfernen und unterm *watercress garnish*, der Kressegarnierung, verschwinden lassen. Nun genießen Sie den Rest der Forelle. Die einzige manierliche Art, eine Gräte in Ihrem Mund loszuwerden, ist diese: Sie separieren sie gründlich und diskret von allem Vorgekauten, lassen sie aus kaum geöffneten Lippen zwischen zwei Finger gleiten und legen sie am Tellerrand ab. Entladen Sie nicht den ganzen Inhalt Ihres Mundes, als seien Sie eine Betonmischmaschine.

Whitebait – Weißfisch
Das sind kleine, in Mehl gewendete und in schwimmendem Fett gebackene Jungfische, bei denen Sie wieder die Augen ignorieren. Essen Sie sie einfach. Mit Haut und Kopf und Gräten. Sie machen viel weniger Schwierigkeiten als eine Forelle.

Nun kommen wir zu Wassertieren, die nicht glotzen:

Sole – Seezunge
Schneiden Sie erst mal um den Rand herum. Dort befindet sich eine kleine Franse aus Gräten, und ohne die ist das Leben leichter. Dann ziehen Sie Ihr Messer genau durch die Mitte des Fisches, vom einen Ende zum anderen. Damit haben Sie zwei risikolose Filets, die Sie sich in Frieden schmecken lassen können. Danach geht alles wie von selbst. Sie legen die Mittelgräte beiseite und haben nur noch schieren Fisch. Guten Appetit!

Jetzt Wassertiere, die hoffentlich erst seit sehr kurzer Zeit tot sind:

Oysters – Austern
Heben Sie die Auster mit einer Gabel aus ihrer Schalenhälfte und essen Sie sie am Stück. Trinken Sie dann den Saft aus der Schale und seien Sie dankbar, weil jemand Sie so sehr liebt, daß er Sie zu Austern eingeladen hat. Sie können die Auster auch direkt aus der Schale schlürfen.

Mussels – Muscheln
Strenggenommen sollten Sie sie mit einer Gabel aus der Schale lüpfen. Lassen Sie den Saft bis zum Ende drin und

träufeln Sie ihn dann auf einen Löffel. Sie können aber auch Muschel und Saft mit einer Schalenhälfte zum Mund führen oder eine ganze leere Schale wie eine Pinzette verwenden.

Prawns – Garnelen

Wenn die Garnele noch in ihrem Panzer ist, beginnen Sie damit, daß Sie ihr den Kopf abziehen. Dann brechen Sie ringsum den Panzer auf, und zum Schluß entfernen Sie den kleinen Rest am Schwanz. Eigentlich sollten Sie jetzt Ihre Finger in die Fingerschale tauchen, an der Serviette abtrocknen und die Garnelen mit Messer und Gabel essen. Wenn Sie die Ehre haben, im Mansion House, dem Amtssitz des Lord Mayor von London, zu dinieren, ist dies wohl das beste Verfahren. Aber wenn Sie woanders sind – warum nutzen Sie dann nicht die Gelegenheit, bis zu den Ellenbogen in köstlichem Fleisch zu versinken und die Garnele mit den Fingern zu essen?

Crabs, Lobsters, Crawfish – Krebse, Hummer, Langusten

und alles andere, das mit Nußknackern und langstieligen Gabeln zu Tisch kommt: Nutzen Sie die Gerätschaften. Dieses Krustentier hat sein Leben für Sie gelassen. Das mindeste, was Sie tun können, ist, jedes Fitzelchen von ihm aus der Schale zu holen.

Es geht weiter mit:

Steaks

Problemlos, meinen Sie? Richtig. Bestellen Sie nur, wenn Sie im United Kingdom sind und ein blutiges Steak haben wollen, kein *bloody steak*. *Bloody* ist ein sehr garstiges Wort, und wenn Sie an einen sarkastischen Kellner geraten, fragt der Sie womöglich, ob er Ihnen auch *some fucking chips* bringen darf. (*Chips* ist kein garstiges Wort. Es heißt Pommes frites.) Wenn Sie Ihr Steak blutig wünschen, sagen Sie: *raw*. Halbdurch: *medium*. Ganz durch: *well-done*.

Snails – Schnecken

Schnecken werden meistens sehr heiß serviert. Die Schneckenzange soll Ihre Finger vor Verbrennungen schützen, während Sie die Tierchen aus ihrem Haus pulen. Wenn keine Schneckenzange gereicht wird oder wenn eine da ist und Sie so sind wie ich und unnötige Eisenwaren hassen, isolieren Sie Ihre Finger mit einem Stück knusprigem Brot und tupfen mit einem zweiten die Sauce auf. Bei einem *State Banquet*, einem Staatsbankett, würde man darüber die Nase rümpfen, aber es ist unwahrscheinlich, daß bei einem solchen den Gästen etwas so Fettiges und Geknofeltes vorgesetzt wird.

Caviare – Kaviar

Tun Sie ein kleines bißchen davon auf eine Scheibe Toast mit Butter oder ohne und essen Sie ihn ganz langsam. Eigentlich müßten Sie glücklich sein.

Wir kommen zu pflanzlichen Produkten:

Artichokes – Artischocken

Das wirklich Interessante an einer Artischocke ist das nicht sehr große Stück, zu dem Sie am Ende vordringen. Sie brauchen ein Pfützchen Sauce zum Stippen. Schöpfen Sie sich's auf den Teller. Und jetzt geht es los. Sie fangen außen an, zupfen ein Blatt ab, tunken es mit dem dicken weißen Ende in die Sauce und schaben das Weiße mit den Zähnen ab, während Sie das dünne Ende zwischen den Fingern halten.

Stippen, schaben, stippen, schaben. Und stapeln. Das sollte ich noch erwähnen. Sie stapeln die ausgelutschten Blätter am Tellerrand. Die innersten Blätter sind sehr dünn. Da gibt es nichts zu lutschen, also lassen Sie's. Dann kommt ein disteliges Gebilde. Sie schneiden es weg und sind am Ziel, dem Boden. Den essen Sie mit Messer und Gabel und wünschen sich, Sie wären eher hingelangt.

Asparagus – Spargel

Der britische Spargel ist ein sehr unmanierliches Gemüse. Er ist schlaff. Und dünn. Und labbrig. Sie gabeln ihn beim blassen Ende auf, tauchen die Spitze in die Sauce und essen soviel davon, wie Sie können. Britischer Spargel führt zu einem gebutterten Kinn und Genickstarre.

Corn Cobs – Maiskolben

Können nicht mit Würde gegessen werden. Heben Sie den Maiskolben vom Teller. Kauen Sie ihn vom einen Ende bis zum anderen ab, wie es ein Hund mit einem Knochen macht. Daß Sie danach ins Bad gehen, um Ihr Make-up zu überprüfen, ist unnötig. Ich kann Ihnen definitiv sagen, daß es nicht heiß, aber fettig aussehen wird.

Olives, Cherries, Grapes – Oliven, Kirschen, Trauben

und andere Früchte mit Kernen oder Steinen: Die Frage ist, wie kriegen Sie die Kerne aus dem Mund? Und wo tun Sie sie hin? Sie aus dem Mund zu kriegen ist einfach. Ballen Sie Ihre Hand zur Faust. Zwischen Daumen und Zeigefinger ist jetzt ein kleines Loch. Führen Sie Ihre Faust zum Mund und deponieren Sie den Kern in diesem Loch. Bei Tisch können Sie ihn am Tellerrand ablegen. Komplizierter wird es mit den Steinen der Oliven, die sich bei Rundwanderungen auf Cocktailpartys anzusammeln pflegen. Mein Vorschlag: Entweder halten Sie sich, bis Sie genug von Oliven haben, in der Nähe eines Aschenbechers auf, oder Sie nehmen die Steine in Ihrer Tasche mit nach Hause.

Fruit – Obst

Sie sollten wissen, daß man bei hochoffiziellen Anlässen Obst nicht mit den Fingern ißt. Wenn Sie Zweifel haben, halten Sie sich erst mal zurück und schauen den anderen zu. Wenn Messer und Gabel gereicht werden, verwenden Sie beides, um das Obst zu schälen, in Scheiben zu schneiden und in Ihren Mund zu befördern. Nein, Peter, Kirschen und Trauben nicht! Kirschen mit Messer und Gabel – das ist einfach nicht optimal. Kirschen ißt man mit den Fingern. Bananen dagegen mit Messer und Gabel. Und Orangen? Warum wollen Sie sich das Leben schwermachen? Nehmen Sie lieber einen schönen Apfel!

Stäbchen ohne Tränen

Es ist nicht schwer, mit Stäbchen zu essen, aber man muß es üben. Genauso wie das Essen mit Messer und Gabel. Wenn Sie das nicht glauben, dann fragen Sie mal jemanden, der Sie kannte, als Sie drei Jahre alt waren.

Halten Sie sich an die folgenden Anweisungen und üben Sie regelmäßig. Aber denken Sie daran, wer rastet, der rostet, und wenn das bei Ihnen der Fall ist und Sie mit Stäbchenartisten im »Goldenen Panda« sitzen, dann tun Sie sich den Gefallen und verwenden Sie ein westliches Besteck, statt mit Stäbchen zu kämpfen und hungrig zu bleiben.

✳ Stäbchen laufen konisch zu. Sie nehmen das Essen mit dem dünneren Ende auf.

✳ Legen Sie das eine Stäbchen in die Mulde zwischen Daumen und Zeigefinger. Das dünnere Ende sollte zwischen dem Ballen Ihres Ringfingers und der Spitze Ihres kleinen Fingers ruhen und so unverrückbar bleiben wie ein Fels.

✳ Halten Sie das andere Stäbchen zwischen Daumen und Zeigefinger, indem Sie es zwischen dem Ansatz des Zeigefingers und der Spitze des Mittelfingers balancieren. Dieses Stäbchen wird bewegt. Zu diesem Zweck bewegen Sie einfach Zeige- und Mittelfinger.

✳ Um Essen aufzunehmen, verwenden Sie die Stäbchen so ähnlich wie eine Kneifzange. Das untere halten Sie still, das obere lassen Sie scherenartig zuschnappen.

✳ Kaufen Sie Stäbchen und machen Sie sich ans Werk. Sie können notfalls auch mit Schaschlikspießen, Bleistiften und dergleichen üben.

Manche können's
immer noch nicht lassen

Rauchen, ohne zu nerven

In hundert Jahren wird die Etikette des Rauchens niemanden mehr interessieren. Als Sucht ist es mittlerweile von Alkohol, Drogen, Geld und Fernsehen überflügelt worden, und es hat bereits etwas Kurioses, ausführlich darüber zu reden. Wenn nicht eines wäre: Wer immer noch raucht, tut es mit dem Rücken zur Wand und fühlt sich ständig verfolgt. Die rücksichtsvollen Raucher sind ausgestorben, und jeder Mensch, der eine Schachtel Zigaretten und ein Feuerzeug besitzt, ist von vornherein voller Aggressionen und Trotz.

Aber zuerst sollte ich selbst Farbe bekennen.

Ich rauche seit fünfzehn Jahren nicht mehr. Wie viele Frauen habe ich es mir im Interesse meines ungeborenen Kindes abgewöhnt. Im Gegensatz zu zahlreichen bekehrten Rauchern habe ich immer noch Spaß am Ritual, wenn andere Leute rauchen. Mich stört nicht mal der Geruch. Nachdem das gesagt ist, werde ich nun meinen Standpunkt darlegen: Rauchen ist eine abscheuliche, unappetitliche und schädliche Unsitte, die in manierlicher Gesellschaft keinen Platz hat.

Rauchen ist insofern einzigartig, als es in der Natur einer brennenden Zigarette liegt, daß alle im Raum von ihr betroffen werden. Die Zigarette, die selektiv qualmt, nur andere Raucher einnebelt und mit ihrem Dunst einen Bogen um Leute mit Bronchitis und Asthma, um Kinder und um diejenigen macht, denen der Geruch von *Giorgio* lieber ist, harrt noch ihrer Erfindung. Nun werden vielleicht manche sagen, *Giorgio* hinterm Ohr sei genauso aufdringlich und unentrinnbar wie eine brennende Zigarette und sie müßten sich gegen das Passivparfümiertwerden verwahren. Dieser Meinung könnte ich mich sogar anschließen. Aber was immer man sonst gegen ein Parfüm vorbringen mag, bisher ist, soviel wir wissen, keines gesundheitsschädlich.

Die Beweise dafür, daß Rauchen krank macht, sind natürlich dürftigst. Das wird Ihnen jeder überzeugte Raucher bereitwillig erklären. Wahrscheinlich hat sich irgend jemand diese Beweise aus den Fingern gesogen – der Geheimdienst vielleicht oder die Grünen. Am wahrscheinlichsten ist, daß Herzkrankheiten und Lungenkrebs Teil einer großen, politischen Kampagne sind. Richtig! Es handelt sich um eine Verschwörung! Und die Nichtraucher sind so verblendet, daß sie's nicht durchschauen!

Ich weiß nicht, wie Sie darüber denken, aber ich glaube in der Tat, daß Rauchen der Lunge schadet. Betrachten wir's mal vom Standpunkt dieses zartgebildeten und wunderbaren Organs aus, und da würde es mich sehr wundern, wenn dreißig Zigaretten pro Tag empfehlenswert wären.

Ich persönlich brauche keine Krankengeschichte zu lesen. Mein Gespür sagt mir, daß Lungen nicht dafür gebaut sind, geräuchert oder geteert zu werden. Und selbst wenn mich mein Gespür trügt und all die Statistiken falsch sind, ändert es nichts an der Tatsache, daß Sie mit jeder Zigarette, die Sie sich anzünden, den Raum verstänkern. Extra leicht, Superlang & Menthol, Hochkomprimierter Kamelmist – es macht keinen Unterschied. Zünden Sie sich eine Zigarette an, dann stinkt es.

Und das riecht man. Man riecht auch, ob jemand Raucher ist. Man riecht es an seinen Kleidern, seinen Haaren, seinem Atem und seinen Fingern. Dann gibt es Aschenbecher. Auch Kippen, daneben gefallene Asche und abgebrannte Streichhölzer. Bei Pfeifenrauchern kann man noch

Pfeifenreiniger und unbeschreibliche Säfte ergänzen. Machen wir uns nichts vor. Alles im Zusammenhang mit Rauchen stinkt.

Wenn Sie dies im Hinterkopf behalten, ist klar, wie Sie sich als Raucher manierlich benehmen:

❋ Tun Sie's nicht in geschlossenen Räumen, es sei denn, Sie wären absolut sicher, daß es niemanden stört.
❋ Fragen Sie im Zweifelsfall. Auf englisch: *Do you mind if I smoke?*
❋ Wenn jemand Einspruch erhebt, halten Sie ihm keine Predigt über die schädlichen Auswirkungen des Nägelbeißens oder Kaugummikauens. Gehen Sie nach draußen und rauchen Sie den Tauben was vor.

Vor zwanzig Jahren war es allgemein üblich, daß für Gäste Zigaretten bereitlagen. Selbst wenn sie sich nicht einladend dem Auge darboten, lautete die korrekte Antwort auf die Frage »Stört es Sie, wenn ich rauche?«: »Nein.« Das ist jetzt nicht mehr nötig.

Mein Rat an Gastgeber, die es stört, wenn jemand raucht: Scheuen Sie sich nicht zu sagen, daß es Sie stört. Raucher haben das dickste Fell der Welt. Wer den Qualm lästig findet, muß oft feststellen, nachdem er sich den Kopf zermartert, gezaudert und schließlich seinen Mut zusammengenommen und Leute gebeten hat, nicht zu rauchen, daß seine Bitte als amüsante Schrulle betrachtet wird, die man getrost ignorieren kann. Eine Freundin von mir brachte in ihrer Küche und in ihrem Wagen Nichtraucherzeichen an. Alle, die sie sahen, nickten und lächelten. Man sprach auch gern über das Rauchverbot. Bis meine Freundin versuchte, es durchzusetzen.

Als Gastgeber sollten Sie Unhöflichkeit mit noch größerer Unhöflichkeit vergelten.

»Ronald, du hast die schlechtesten Manieren von sämtlichen Menschen, die ich kenne. Hier sitzen noch fünf Gäste am Tisch und wollen ihre Walderdbeeren genießen, und du kannst nicht mal zehn Minuten darauf warten, eine durchzuziehen. Laß doch nächstes Mal das Essen aus und komm erst zum Portwein!« Keine Sorge. Es wird Ronald nicht stören. Jedenfalls, wenn er so ist wie die Ronalds, die ich kenne.

»Mann, o Mann«, wird er sagen, »welche Laus ist unserer bezaubernden Gastgeberin denn heute abend über die Leber gelaufen? Hast du nicht genug abgekriegt oder was?«

Wenn Sie vor Tisch rauchen, sollten Sie die Ankündigung, daß es jetzt Essen gibt, als Stichwort zum Ausdrücken Ihrer Zigarette betrachten. Und wenn Sie gerade Ihre letzte geraucht haben und es nach einem langen Abend aussieht, schnorren Sie nicht Leute, die Sie kaum kennen, um Zigaretten an.

Im Restaurant ist es statthaft, sofern es Ihren Gastgeber nicht stört, darum zu bitten, daß Zigaretten bestellt werden. Sie sollten aber wenigstens versuchen, sie selbst zu bezahlen.

Bei Banketten im United Kingdom gelten die Worte *Gentlemen, you may smoke* inzwischen auch für Frauen. Hier wie anderswo kann es passieren, daß Ihnen eine Zigarre angeboten wird. Bevor Sie sie nehmen, weil Sie immer schon mal eine probieren wollten, bedenken Sie dreierlei:

* An Zigarren ist mehr dran, als es scheint.
* Frauen mit einer Havanna zwischen den Zähnen sehen sehr hochgestylt aus, riechen aber am nächsten Morgen wie die Achselhöhle von Fidel Castro.
* Nach sechs Gängen vom Feinsten, hinuntergespült mit erlesenen Alkoholika, werden manche Menschen von einer Zigarre, selbst wenn sie sehr klein ist, grün im Gesicht.

Wenn Sie Gast sind und der anstoßerregende Raucher ein anderer Gast ist oder, schlimmer noch, Ihr Gastgeber, verbieten es die guten Manieren, etwas zu sagen oder zu tun. Rauchen ist eine Zumutung, aber ein Gast, der andere rüffelt, ist noch schlimmer.

Rauchen Sie und wollen oder können Sie's nicht lassen, so werden Sie in Gesellschaft lieber gesehen sein, wenn Sie die folgenden Regeln nicht vergessen:

Niemals in einer Kirche oder an einer sonstwie heiligen Stätte, im Krankenhaus und vor Gericht, oder während des Toasts auf den Monarchen und sein Haus.

Das sind absolute Verbote. Ich würde noch hinzufügen: Nicht zwischen den Gängen eines Essens und nicht im Schlafzimmer von anderen Leuten – es sei denn, Sie wären sich beide einig, daß das, was Sie brauchen, eine Zigarette ist.

Und ein letztes Glas im Steh'n

Alkohol ist eine bewußtseinsverändernde Droge. Das ist die Tatsache Nummer eins, an die sich alle erinnern sollten, die welchen trinken.

Alkohol kann stille, verkrampfte Leute in wunderbare Unterhalter verwandeln und Langweiler, zumindest scheinbar, in geistsprühende Originale. Zuviel davon, und er kann zum Verlust der Vernunft und Urteilskraft, der Fähigkeit, klar zu sprechen und aufrecht zu gehen, und schließlich des Bewußtseins führen. Es macht keinen Unterschied, ob das von einer klebrigen Flasche im hintersten Winkel Ihres Küchenschranks kommt oder von einem Faß im Keller des Landgasthofs zur Old Sow and Man-Trap. Wahrscheinlich schmeckt es köstlich, ist genau das, was Sie brauchen, und überdies wird ein schnell getrunkenes Glas dafür sorgen, daß Daniel Drögemeyer amüsanter und begehrenswerter wirkt.

Ich bin durchaus dafür, solange der Trinker keine Entscheidungen auf Leben und Tod treffen muß, bevor die Nachwirkungen des Alkohols abgeklungen sind. Es ist sehr hilfreich zu wissen, was man trinkt und wie lange man dadurch gehandikapt ist.

Will man als Autofahrer das gesetzliche Limit – im United Kingdom liegt es bei 0,8 Promille, 0,5 Promille bei Ihnen – nicht überschreiten, so gibt es ein paar grobe, aber nützliche Faustregeln, die man sich merken sollte. Nach einem Pint (0,568 l) Bier sind Sie etwa zwei Stunden später wieder nüchtern. Wenn Sie im Laufe von drei Stunden eine Flasche Wein trinken (0,75 l), dauert es zwei bis drei Stunden *nach* dem letzten Schluck, falls Sie ein Mann sind, und drei bis vier Stunden, falls Sie eine Frau sind, bis Sie *das gesetzliche Limit* wieder erreicht haben. Vollständig abgebaut ist der Alkohol freilich erst nach sechs Stunden bei Männern und nach acht bis neun Stunden bei Frauen.

1 Einheit	=	1 kleines Glas Wein (0,1 l)
1 Flasche Wein (0,75 l)	=	ungefähr 8 Einheiten
1 Einheit führt zu einem Blutalkoholgehalt von		0,2 Promille bei Frauen 0,15 Promille bei Männern
Abbau des Blutalkohols	:	0,15 Promille pro Stunde
Promillegrenze	:	0,5 Promille

Männer spüren die Wirkung von Alkohol im allgemeinen nicht so schnell wie Frauen. Was nichts damit zu tun hat, daß sie ihren Schwips nicht so schnell zugeben. Es hat vielmehr mit den Anteilen von Körperfett in Relation zur Körperflüssigkeit zu tun und ist wieder mal ein Beispiel dafür, wie niederträchtig die Physiologie sein kann. Wenn Sie – wie ich – weiblich, klein und knuddelig sind, wird Ihr Körper den Alkohol so dramatisch konzentrieren, daß Sie eventuell schon nach einmaligem Schnuppern am Korken einer Weinflasche unter den Tisch sinken. Erzählt Ihnen also eine kleine knuddelige Frau, wie sagenhaft viel sie vertragen kann, dann glauben Sie ihr nicht. Das ist nur alkoholische Großsprecherei.

Wenn Sie trinken und trotzdem einen halbwegs klaren Kopf behalten wollen, gibt es einige Alkoholika, die Sie meiden sollten. Malt-Whisky – manche Marken haben es brutal in sich, und Sie können ja nicht immer die Flasche sehen und so feststellen, ob es eine von denen ist. Polnischen Wodka – den trinken Sie lieber zu Hause an Heiligabend. Und Genever – den kippen Sie am besten in Amsterdam mit jemandem, der weiß, in welchem Hotel Sie wohnen, und noch nüchtern genug ist, um es zu finden.

Auch mit Rotwein sollten Sie vorsichtig sein. Manche kalifornische, nordafrikanische und italienische Kreszenzen haben 16 Prozent Alkoholgehalt, nicht die üblichen 11 bis 12.

Hüten Sie sich vor allem vor Bowlen. Machen Sie keine und trinken Sie keine. Ich will Ihnen sagen, warum. Theoretisch gibt es zwar Bowlenrezepte. Aber praktisch fangen Sie, durchaus gemäßigt, mit zwei Flaschen billigem Rheinwein und einem Karton Mangosaft an. So ist die Bowle natürlich nicht stark genug, und darum gießen Sie eine halbe Flasche Gin dazu. Sie stellen Schälchen mit Nüssen und Knabbergebäck auf den Tisch, nehmen noch mal reichlich Deo, überprüfen Ihre Regale, um sich zu vergewissern, daß Sie Ihre Tolkien- und Comic-Bibliothek nicht haben rumliegen lassen, und da es erst kurz vor halb sieben ist, schütten Sie den restlichen Gin und eine Flasche Bananencreme in die Bowle. Jetzt wäre noch was zu retten. Sie könnten Ihre Kreation in den Ausguß kippen und in letzter Minute ein Kistchen Champagner besorgen.

Aber nein. Sie stellen fest, daß Sie musikalisch überhaupt keinen Geschmack haben, verstecken alle David-Bowie-Platten unter Ihrem Bett und ziehen eine frische Bluse an. Sie kredenzen sich einen kleinen Schluck von Ihrer Bowle. Sie ist ... hm? Viel zu stark. Also gießen Sie sechs Flaschen Soda dazu, und weil sie jetzt wieder zu schwach ist, schütten Sie den Rest aus der Wermutflasche hinein.

Inzwischen sind Sie außer Kontrolle geraten. Bowlentechnisch haben Sie eigentlich Ihr Pulver verschossen und sollten sich in einem verdunkelten Raum zur Ruhe legen. Doch aller Wahrscheinlichkeit nach werden Sie nun in die manische Phase eintreten. Hustentropfen, Granatapfelsaft – nichts wird vor Ihnen mehr sicher sein. Bitte tun Sie sich das nicht an. Und Ihren Gästen auch nicht.

Trinken Sie lieber, was Sie kennen, trinken Sie's langsam und essen Sie was dazu. Jeder Mensch weiß, daß Alkohol nicht so schnell ins Blut geht, wenn man zuvor oder währenddessen vernünftig ißt. Trotzdem besuche auch ich noch Partys, bei denen es zu den Drinks nur gesalzene Erdnüsse gibt. Von gesalzenen Erdnüssen bekommt man Durst. Wenn man Durst hat, trinkt man mehr und schneller. Was denken sich die Leute dabei? Beschließen Sie, daß Sie einen kleinen Beitrag dazu leisten wollen, die Welt zu einem angenehmeren Aufenthaltsort zu machen, indem Sie niemals Drinks ohne Essen servieren. Ihre Partys werden nicht nur erfreulicher sein. Sie werden sich auch erfreulicher anhören. Man wird summen und säuseln statt zu kreischen und zu brüllen.

Was trinken Sie?

In punkto Drinks sollte der Gastgeber dreierlei tun:

* ❋ Sich dafür entscheiden, was er anbietet, und dann dabei bleiben.
* ❋ Für mindestens ein alkoholfreies Getränk sorgen.
* ❋ Seinen Gästen sagen, welche Möglichkeiten sie haben.

Es ist sehr ungezogen und sehr albern, vor einem zugeklappten Getränkeschrank zu stehen und »Was mögen Sie denn?« zu fragen. Ein durstiger Gast legt keinen Wert auf Ratespiele. Wenn Sie nur Sherry haben, ist es besser, das gleich zu sagen, als falsche Hoffnungen bei einem Gin-Fan zu wecken. Und wenn Sie Gin haben, ist es wenig sinnvoll, welchen anzubieten, sofern Sie nicht auch die Dinge haben, die dazugehören. Sie können einem Gast sehr wohl das Gefühl geben, daß er lästig ist, wenn Sie ihm sagen, er könne einen

Gin Tonic kriegen, und dann fauchen: »Haben wir Tonic im Haus? Madeleine, ich hab dir doch ausdrücklich gesagt, daß wir Tonic brauchen!«

Je einfacher die Wahl, desto leichter machen Sie es sich und Ihren Gästen. Cocktails sind eine Plage, wenn Sie den Barmann und den Butler spielen und zwischendurch Robert windeln müssen und Ihr Partner nicht mal den Weitblick hatte, für Eis im Kühlschrank zu sorgen. Das Mixen von sechs Wodka-Martinis kann zu mehr Krach führen als jeder ernste Konflikt.

Fragen Sie: »Mögen Sie Champagner oder Limonade?« Und vergewissern Sie sich, *bevor* die Leute kommen, daß Sie genug Gläser haben. Es ist sehr ungezogen, ein großes Theater um Gläser zu machen. Und unnötig ist es außerdem. Gläser sind nicht teuer, und Sie brauchen keineswegs Dutzende von verschiedenen Formen. Es ist unerfreulich für einen Gast, wenn er durch die geschlossene Küchentür hört, wie Gehässigkeiten ausgetauscht werden.

»Ich weiß genau, daß Mutters Sherrygläser irgendwo hinten im Schrank sind. Angela, jetzt halt doch mal die Leiter fest. Die wackelt ja wie verrückt! Dann müssen wir eben die Bechergläser nehmen, sagst du? Wie darf ich das verstehen? Soll ich vielleicht das eine, das wir noch haben, aus dem Bad holen und Herrn und Frau Karlstadt erklären, daß sie sich's teilen müssen, aber dafür kriegt jeder einen Strohhalm? Das ist typisch, Angela! Ich sage nur: typisch!«

Wenn Sie so was hören, empfinden Sie sich als Heimsuchung. Am liebsten würden Sie sagen: »Bitte keine Umstände! Ich trink' aus der Flasche!« Und später, wenn Sie Zeit zum Nachdenken hatten, möchten Sie vielleicht fragen: »Warum kauft ihr nicht ein paar Gläser?«

Nehmen wir an, Sie sind beim Gläserkauf. Dann legen Sie sich gleich einen Korkenzieher zu, mit dem Sie umgehen können. Gibt es einen unattraktiveren Anblick als den eines Mannes, der im vergeblichen Clinch mit einer Flasche liegt, während die Gläser leer bleiben?

Wenn Sie Champagner oder Limonade angeboten haben, dann achten Sie die Entscheidung Ihrer Gäste. Wer um Limonade bittet, hofft *nicht* im stillen, daß Sie sie mit Whiskylikör aufbessern. Es gibt immer noch viele Menschen, die dies nicht glauben mögen. Das liegt daran, daß Alkoholgenuß mit unserer (falschen) Vorstellung von Männlichkeit verwoben ist, und als ob das nicht schon schlimm genug wäre, haben wir andererseits die Abstinenzlerbewegung. Du bist feig, wenn du's nicht tust, und willensschwach, wenn du's tust. Wir müssen das beides hinter uns lassen.

In dem Moment, wo Sie einen Drink nicht mehr als ersten Schritt zur Bewußtlosigkeit betrachten, sondern als köstliches Schmiermittel und kleine Verdauungshilfe, nimmt die Gefahr ab, daß Sie und/oder Ihre Gäste die Treppe runterfallen.

Maßvolle Gäste

Wenn Ihr Gastgeber »Champagner oder Limonade?« fragt, dürfen Sie nicht »Campari bitte« sagen. Ich kenne eine Frau, die es tut. Manche Leute finden das harmlos exzentrisch, andere meinen, sie versuche auf ziemlich kindische Weise, Aufmerksamkeit zu erregen. Ich glaube, sosehr ich sie für ihre sonstigen Qualitäten schätze, daß sie hier schlechte Manieren an den Tag legt. Natürlich könnte ich jederzeit Campari besorgen. Wahrscheinlich hätte ich's schon getan, wenn sie nicht so ungeheuer geschmollt hätte, als ich zum erstenmal ihre Trinkpläne durchkreuzte.

Bietet Ihr Gastgeber Drinks an, sagt aber nicht, welche, so sollten Sie davon ausgehen, daß Sie um alles bitten können, was Sie sehen. Wenn er seinen irischen Whiskey verstecken wollte und es vergessen hat – sein Pech. Vor Jahren haben wir des öfteren ein Ehepaar besucht, das nach dem Essen Likör anbot. Ich bat immer um eine grüne Chartreuse. Ich hatte noch nie eine getrunken. Und dabei ist es bis heute geblieben. Inzwischen will ich keine mehr. Ich merkte erst nach mehreren Einladungen, daß die Flasche Chartreuse auf dem Sideboard nicht zum Öffnen bestimmt war. Ich hätte Benediktiner oder Cointreau, einen Kümmel oder einen sehr guten Cognac haben können. Aber die grüne Chartreuse war nur zum Anschauen gedacht. Ob sie wohl jetzt noch ungeöffnet auf dem Sideboard steht?

Bei Partys, wo Sie sich frei bewegen, gibt es keine Entschuldigung dafür, daß Sie Ihren Alkoholkonsum nicht kontrollieren. Wenn Sie nicht gerade trinken, stellen Sie Ihr Glas so ab, daß Ihnen nicht en passant nachgeschenkt werden kann, obwohl es noch nicht leer ist. Versuchen Sie, sich nie auf diese Weise nachschenken zu lassen. Sonst können Sie nämlich nicht abschätzen, wieviel Sie getrunken haben.

Bei Tisch dürfte es einfacher sein, außer Sie befinden sich in Gesellschaft von ungeheuren Zechern oder haben eines von den sehr großen Weingläsern vor sich, die zur Zeit in Mode sind. Es macht Spaß, aus ihnen zu trinken, weil man den Wein schön kreisen lassen kann, bevor man ihn probiert, aber man verliert leicht den Überblick über das Quantum, das man sich gegönnt hat. Die entscheidende Frage ist hier: Wie viele Flaschen hat die Runde getrunken und wieviel hatte ich davon?

Bei Festessen, wo an jedem Platz ein ganzes Sortiment von Gläsern steht, läßt man, wenn ein Gang abgetragen wird, korrekterweise den Rest seines Weines im Glas und fährt mit dem nächsten Gang fort. Das ist ein Jammer. Denn der Wein ist vielleicht besser als alles, was Sie sich je selbst leisten könnten. Sie verpassen womöglich die Chance

Ihres Lebens, wenn Sie zu einer anderen Sorte weitereilen. Wer langsam trinkt und darum oft in diese Lage gerät, sollte sich ein Herz fassen. Pfeifen Sie auf die Form und würdigen Sie jeden Wein nach Gebühr. Im Gegensatz zum Rauchen zwischen den Gängen wird Ihr ungewöhnliches Verhalten niemanden beeinträchtigen als Sie selbst, und überdies sind wahrscheinlich alle so voll, daß sie's nicht mal merken.

Keine Angst vor Weinkarten

Am besten betrachten Sie eine Weinkarte als Verzeichnis dessen, was Sie für welchen Preis haben können. Sie birgt nicht das Geheimnis unverzüglicher Kennerschaft, und ein selbstsicheres Studium derselben garantiert Ihnen gar nichts – am allerwenigsten, daß Helene Ihnen gestatten wird, ihr Knie zu tätscheln.

Ich persönlich mag es, wenn solche Karten kurz sind. Das kommt wahrscheinlich daher, daß ich seit Jahren mit einem Mann zusammenlebe, dem nichts lieber ist, als mit einer schönen Weinliste früh zu Bett zu gehen.

Beschließen Sie zunächst, was Sie essen wollen. Manchmal wird das Essen auf den Wein abgestimmt und nicht der Wein aufs Essen, aber das lohnt sich nur, wenn Sie ein Spitzengewächs trinken. Machen Sie's wegen einer Flasche Tafelwein von der Mosel, so wird Sie Ihre Umgebung treffenderweise für einen prätentiösen Trottel halten.

Dann überschlagen Sie, wieviel Sie ungefähr ausgeben wollen. Aber wirklich nur ungefähr. Es wäre eine Tragödie, wenn Sie sich etwas Herrliches entgehen ließen, um auf Heller und Pfennig im Rahmen Ihres Budgets zu bleiben.

Champagner ist der Himmel auf Erden. Wenn Sie mal welchen bei der Hochzeit Ihrer Cousine probiert haben und ihn für überschätzt hielten, dann machen Sie einen zweiten Versuch. Und einen dritten. Er gehört zu den nützlichsten Dingen, die Sie in einer Weinkarte finden. Wenn es Champagner gibt, werden sich die meisten Gäste geliebt und geehrt fühlen, und was Sie auch essen, Champagner paßt zu allem, und Sie können ihn zu sämtlichen Gängen trinken.

Nehmen Sie keine halben Flaschen. Wenn Sie nicht genau wissen, daß das Restaurant viele halbe Flaschen verkauft, wird der Champagner eine abgestandene Enttäuschung sein. Und meiden Sie den *Brut*, außer Sie sind sich Ihres Geschmacks und dessen Ihrer Gäste sehr sicher. Menschen, die nicht an Champagner gewöhnt sind, scheint er *extra sec* oder *sec* weitaus besser zu schmecken.

Rotwein. Der Preis für die Spitzengewächse aus Frankreich und Kalifornien wird Ihnen die Tränen in die Augen treiben. Aber es gibt erfreulicherweise Weine aus Italien – im United Kingdom auch aus Chile und Australien –, die erschwinglich und meistens unbedenklicher sind als irgendwas Unbekanntes aus Spanien, das exzellent oder abscheulich sein kann.

Die großen *Weißweine* aus Burgund liegen finanziell ebenfalls an der Schmerzgrenze. Machen Sie sich keine Gedanken, wenn Sie nicht einen davon mit Namen kennen. Sie werden sich Ihnen durch ihren astronomischen Preis offenbaren.

Aber es gibt viele andere köstliche Weine – im UK vor allem aus Frankreich, Australien, Neuseeland und Kalifornien. Ja, auch deutsche. Deutschland produziert teils hervorragende Weine und teils jene nichtssagenden, garantiert gestoppten Süßreserven mit Traubengeschmack, mit denen sich die Briten und, wie man mir sagt, auch manche Deutsche jahrelang wohlgefühlt haben. Wenn Sie, wo auch immer, ein Tantchen einladen, dann verwöhnen Sie es mit so einem lieblichen Tropfen.

Manche Restaurants listen all ihre Weine zusammen auf. Ich nehme an, das soll eine Art Eignungstest sein. Wenn Sie durchrasseln, werden Sie entdecken müssen, daß Sie einen Likörwein zum Fisch bestellt haben. Wenn die Karte solche Weine nicht gesondert ausweist und Sie in Versuchung sind, einen Weißen zu bestellen, den Sie nicht kennen, dann fragen Sie. Dafür ist der süffisant lächelnde Sommelier schließlich da.

Offene Weine. Warum nicht? Die wenigsten Restaurants pflegen ihre Weine gut. Warum sollten Sie etwas Außergewöhnliches bestellen, wenn Sie nicht wissen, wie es behandelt worden ist? Der Château Margaux gehört zu den edelsten Weinen der Welt, aber wenn ein Jungkellner damit herumjongliert hat, werden Sie ihn nicht im besten Zustand genießen. Genieren Sie sich nicht, statt dessen eine Karaffe offenen Wein zu bestellen.

Der Probeschluck. Wenn Ihnen der Weinkellner ein bißchen von dem georderten Wein ins Glas gießt und einen Schritt zurücktritt, gibt er Ihnen die Gelegenheit zu sehen, ob irgendwas mit dem Wein nicht stimmt. Er tut es nicht, damit Sie sich's noch mal überlegen und einen anderen bestellen.

Ein Wein, der nach Kork schmeckt, weil der Korken angegammelt ist, gehört zu den Raritäten. Ein solcher Wein müffelt wie ein modriger Schrank in einem feuchten Haus, und jedes Restaurant wird die anstößige Flasche zurücknehmen und durch eine neue ersetzen. Manchmal riecht ein Wein unmittelbar, nachdem er entkorkt worden ist, ein bißchen suspekt, aber das verliert sich, wenn Sie sich eine Weile gedulden und ihn im Glas kreisen lassen, bevor Sie die zweite Riechprobe machen.

Wenn Sie wirklich Zweifel haben, dann sagen Sie's. Ist ein Flaschenwein nicht in Ordnung, so wird das auch durch viel Zeit und Kontakt mit der Luft nicht besser.

Noch etwas: Wenn Sie drei Minuten damit verbringen, gewichtig die Blume eines Mateus Rosé zu erschnuppern, beeindruckt das vielleicht Ihre Tante Babette. Aber wenn Tante Babette nicht von gestern ist, wird sie zu dem Schluß kommen, daß Sie sich zu einem aufgeblasenen Dummkopf entwickelt haben. Und damit hätte sie nicht ganz unrecht.

Im Restaurant

Restaurants waren früher zum Einschüchtern und Verführen da. Vor dreißig Jahren aßen nur Bohemiens oder nomadisierende Reiche dort, weil sie schlichtweg Hunger hatten. Das hat sich geändert. Ein bißchen jedenfalls. Restaurants dienen jetzt der Bequemlichkeit. Auch dem Eindruckschinden, der Einschüchterung und – nach wie vor – der Verführung. Wir bewegen uns im Restaurant mit mehr Selbstsicherheit als die Generationen vor uns, aber unsere Selbstsicherheit ist gelegentlich von Ängstlichkeit getrübt. Wir vergessen oft, was Restaurants eigentlich sind.

Ein Restaurant bietet Ihnen einen Tisch und Stühle, Speisen und Getränke zu einem bestimmten Preis. Es ist nicht dazu verpflichtet, Sie zu bedienen, egal, wie viele Tische frei sind, solange es das nicht aus rassistischen Gründen ablehnt, aber wenn es sich bereit erklärt, Sie zu bedienen, muß es Ihnen von Gesetzes wegen ein Essen und einen Service bieten, die vernünftigen Ansprüchen genügen, und Sie müssen dafür bezahlen.

Wovor haben wir Angst? Daß wir vom Stuhl kippen, uns auf den falschen Platz setzen, die Speisekarte mißverstehen, die Weinkarte verkehrt herum lesen und den Kellner nicht auf uns aufmerksam machen können.

Bitte versuchen Sie das nüchtern und sachlich zu sehen. Kellner, Weinkellner, ja sogar Oberkellner und Geschäftsführer sind keine Götter. Sie sind ganz normale Menschen mit Senkfüßen und Kleidern, die nach altem Fett riechen. Einige machen ihren Job sehr gut. Andere warten auf ihre große Chance in einem Ich-weiß-nicht-wieviel-Sterne-Etablissement. Fürchten Sie sich nicht vor ihnen. Geben Sie ihnen freundlich, aber bestimmt zu verstehen, was Sie von ihnen wollen. Solange Sie nicht im Greasy Spoon in der Back Street 7 die Beflissenheit eines Savoy erwarten, werden Sie überrascht sein von Ihrem Erfolg.

Reservierung

Wenn Sie einen Tisch reservieren lassen, sind Sie dazu verpflichtet, sich einzufinden, und das Restaurant ist dazu verpflichtet, Ihnen diesen Tisch zur Verfügung zu stellen. Schaffen Sie's nicht, so rufen Sie an und sagen Sie Bescheid, und sei es in letzter Minute. Das Restaurant könnte unter diesen Umständen theoretisch eine Forderung wegen des entgangenen Geschäfts gegen Sie erheben. Aber wenn Sie so höflich waren anzurufen, wird es das kaum tun. Außerdem weiß man nie. Vielleicht werden Sie eines Tages in diesem Restaurant eine große Zeche machen.

Restaurants mit Hochbetrieb nehmen die Reservierung oft mit dem Zusatz: »Wir brauchen den Tisch aber bis 14 Uhr wieder«, entgegen. Ob Sie darauf eingehen wollen, liegt bei Ihnen. Die Leute waren zwar ehrlich, aber wenn Sie sich nicht hetzen lassen möchten, wenn Sie hoffen, daß sich ans Mittagessen ein verbummelter Nachmittag anschließt, sind Sie anderswo vielleicht besser aufgehoben.

Ankunft

Die macht vielen Menschen zu schaffen. Alle wollen dasselbe wissen. Wer geht voran, wenn Gastgeber und Gast gemeinsam ankommen?

Das ist nicht so schwierig, wie es aussieht. Wenn Sie in Kreisen verkehren, wo Männer den Frauen noch die Tür aufhalten und Frauen die Männer gelegentlich zum Essen einladen, können Sie den Eintritt ins Restaurant ohne Verwirrung abwickeln. Das Geheimnis liegt darin, es langsam anzugehen.

Sagen wir, Magnus hat Margie ins *Le Vieux Crachoir* eingeladen, und sie treffen zusammen dort ein. Magnus hält die Tür auf. Margie tritt ein. Dann bleibt sie stehen und läßt Magnus nachkommen.

Margie fuchtelt jetzt nicht mit ihrem Mantel und ihrem Regenschirm herum. Sie steht still und läßt Magnus die Führung übernehmen. Er hat einen Tisch reservieren lassen, also trägt er die Verantwortung.

Wenn Margie nun Magnus eingeladen hat, ist alles noch einfacher. Magnus hält die Tür auf, Margie schreitet hindurch und erhebt Anspruch auf ihren Tisch.

In Restaurants, in denen es etwas steifer zugeht, machen die Kellner sehr deutlich, wo die Dame sitzen soll. Sie ziehen einen Stuhl unterm Tisch heraus. Akzeptieren Sie das, wenn Sie Gast sind. Nehmen Sie den angebotenen Platz ein. Gestatten Sie, daß der Kellner den Stuhl zurückschiebt, kurz bevor Ihr Allerwertester darauf landet. Und sollte er Ihre Serviette entbreiten, so lassen Sie sich diese von ihm über den Schoß legen.

Eines sollten Sie freilich wissen. In Restaurants wird immer noch weithin angenommen, daß eine Frau in Begleitung eines Mannes der Gast ist. Sie mag den Tisch bestellt, sie mag sich unmißverständlich angekündigt haben. Aber wenn sie nicht ein Adlerauge auf den Verlauf der Ereignisse hat, wird der Kellner automatisch in die Angewohnheit verfallen, sich an den Mann zu wenden.

Wollen Sie verhindern, daß die Rechnung Ihrem Gast präsentiert wird, dann setzen Sie sich auf den Stuhl, der dem Gang am nächsten steht. Das ist, jedenfalls im United Kingdom, traditionellerweise der Platz des Mannes. Wer ihn einnimmt, zahlt. Sie könnten eine Schneiderpuppe auf diesen Stuhl setzen, und der Kellner würde ihr die Rechnung bringen.

Bestellung

Die Speisekarte war früher mal ein suppenfleckiges loses Blatt, das Sie auf der Suche nach Steak und Chips nervös zwischen den Fingern drehten. Heutzutage gibt es mehrere Möglichkeiten. Die Speisekarte kann viele Seiten umfassen. Wenn Sie Gast sind, kriegen Sie vielleicht sogar eine, in der keine Preise stehen. Eventuell ist das Angebot auch auf eine Tafel gemalt, die sich so fern von Ihnen befindet, daß Sie eine ungewöhnliche Sehschärfe haben müssen. Oder die Gerichte – und das ist das Schlimmste – werden mündlich aufgezählt.

»Guten Abend. Ich bin François, Ihr *Maître de cuisine*. Ihre Kellner sind Jean-Baptiste und Claude. Wir begrüßen Sie im ›*Pustule Rouge*‹ und hoffen, daß Sie ein freudenreiches Mahl haben werden. Als *Hors d'œuvres* können wir Ihnen heute pochierte Möweneier auf Eichblattsalat mit Walnußöldressing, Filet vom Räucheraal in Chardonnay-Sauce und Geflügelpastete von Schneehuhnbrüstchen mit Backpflaumen und grünem Pfeffer offerieren. Die *Entrées* sind Seebarsch mit Auberginenmousse, Lammzunge in Madeira mit Waldpilzen und Hähnchenbrustfilet vom Holzkohlengrill mit Stachelbeersauce und gedünstetem Meerfenchel. Alles klar?«

»Gibt's auch Steak mit Fritten?«

»Nein. Jean-Baptiste, der mit der grauen Karottenhose

und dem Leinenhemd in Lemon, wird jetzt Ihre Bestellung entgegennehmen, und Claude, der mit der stone-washed Jeans und der Strickkrawatte, wird Sie bedienen.«

Hier nun das Wichtigste, was Sie im UK über Speisekarten wissen müssen:

* *Table d'hôte* ist eine Mahlzeit mit Festpreis und einer begrenzten Auswahl an Alternativen.
* *A la carte* bedeutet: Wenn es in der Speisekarte steht, können Sie's haben. Drei Vorspeisen. Drei Nachspeisen. Grenzen erlegen Ihnen dabei nur Ihr Appetit und Ihr Portemonnaie auf.
* Im Zweifelsfall erkundigen Sie sich.

Strenggenommen fragt der Gastgeber den Gast, was er essen möchte, und leitet dann den Wunsch an den Kellner weiter.

Die moderne Methode ist die, daß der Gast direkt bestellt. Wenn Sie Gast sind, richten Sie sich hier der Höflichkeit halber nach Ihrem Gastgeber.

Wenn Sie Gastgeber sind, schaffen Sie Klarheit. Sagen Sie: »Was darf ich Ihnen bestellen?« oder: »Bitte bestellen Sie, wenn Sie soweit sind.« Sitzen Sie nicht grübelnd über der Karte herum. Weiß Ihr Gast nicht recht, was er wählen soll, so nennen Sie ihm ein Gericht, das Sie in diesem Restaurant gern gegessen haben, aber lassen Sie's nicht wie einen Befehl klingen. Manche Leute nehmen sich viel Zeit, weil sie gerne Speisekarten lesen.

Wenn Sie sich entschieden haben, bestellen Sie die ersten zwei Gänge. Wegen des Desserts brauchen Sie sich noch keine Gedanken zu machen. Alles zu seiner Zeit.

»Are we drinking?«

Diese Frage kann Ihnen bei uns leicht gestellt werden. Gemeint ist damit Alkoholisches, und im Restaurant ist es die Frage, die ich am wenigsten mag. Nur eine ist noch schlimmer: »*Are you drinking?*«

Wenn ich sage, daß ich nur ein Fläschchen Soda will, macht die Nachricht die Runde. »Laurie ist Abstinenzlerin geworden. Ladet sie bloß nicht zum Essen ein. Im nüchternen Zustand ist die Frau unerträglich.«

Wenn ich dagegen sage: »*Of course I'm drinking!*«, denken meine lieben Mitmenschen: »Die kann sich's ja leisten, die alte Säuferin. Die ist freiberuflich und hat den ganzen Nachmittag Zeit, ihren Rausch auszuschlafen. Aber *ich* hab um vier ein Verkaufsgespräch.«

Als Gast bin ich am glücklichsten, wenn mein Gastgeber sagt, was er vorhat, und mich dann fragt, ob ich mitziehe.

Als Gastgeberin ergreife ich gern frühzeitig die Initiative. Sie bekommen sehr viel rascher ein Ergebnis, wenn Sie »Ich trinke Rotwein. Du auch, oder möchtest du was anderes?« sagen, als wenn Sie »Was trinkst du, Margie?« fragen.

Die Margies, die ich kenne, zögern und schwanken. Sie wären mit jedem Getränk zufrieden. Sie wollen nur nicht so wirken, als seien sie übermäßig anspruchsvoll oder als lebten sie hinterm Mond. Erlösen Sie Margie aus ihrem Dilemma. Und Magnus auch. Sagen Sie: »Ich werde den netten Herrn, der hier gelegentlich vorbeikommt, um eine Flasche und zwei Gläser bitten. Hast du was dagegen?«

Nachtisch

Nicht zu wissen, ob Sie Nachtisch wollen, ist albern und ziemlich ungezogen. Ein Gastgeber, dem die Zeit knapp wird, sollte so klug sein: »Tut mir sehr leid. Würde es Sie stören, wenn wir gleich zum Kaffee übergehen?« zu sagen. Wenn Ihnen Nachtisch angeboten wird, gehen Sie davon aus, daß das Angebot ernst gemeint ist. Sagen Sie nicht: »Wenn Sie welchen nehmen, nehm ich auch welchen.« Und zählen Sie keine Kalorien. Das interessiert uns nicht.

Zahlen

Prüfen Sie die Rechnung immer nach. Das wurde früher, vor allem in Gegenwart von weiblichen Gästen, für grob unhöflich gehalten, aber die Zeiten haben sich geändert. Wenn etwas nicht stimmt und es auch nicht so aussieht, als könnte das rasch aus der Welt geschafft werden, dann gibt es für den Gast einen exzellenten Rückzugsort. Die Toilette. Gehen Sie auf den Topf, pudern Sie Ihre Nase. Dafür sind Toiletten da. Die Puderdose ist als Accessoire wieder *in* und damit auch die Sitte der Generalüberholung des Gesichts bei Tisch. Tun Sie's trotzdem nicht.

Die Rechnung ist die Sache dessen, der sie bezahlt. Wenn Sie Gast sind, schielen Sie nicht danach. Wenn Sie Gastgeber sind und gewichtige Einwände haben, bleiben Sie gelassen. Es ist meistens einfacher für Sie, zum Oberkellner oder zum Geschäftsführer zu gehen, als ihn an Ihren Tisch zu zitieren.

Wenn der Preis für Speisen und Getränke an sich korrekt ist, aber überzogen insofern, als es mit der Qualität gehapert hat, können Sie von der Rechnung abziehen, was Sie für angemessen halten und sehen, wie die Geschäftsleitung reagiert.

Haben Sie weder Stuhl- noch Nasenbeine zerdeppert, so hat es wenig Sinn, wenn der Geschäftsführer die Polizei verständigt, obwohl er Ihnen vielleicht damit droht, denn Sie haben keine Straftat begangen. Sie begehen aber eine, wenn Sie das Restaurant verlassen, ohne einen Pfennig zu zahlen.

Komplikationen

Ihr Gastgeber taucht nicht auf? Wenn Sie etwas trinken möchten, dann tun Sie das, bezahlen und gehen. Vielleicht wollen Sie beim Oberkellner eine Nachricht hinterlassen. Falls ja, halten Sie sie dezent.

Im Restaurant sind Leute, die Sie kennen? Begnügen Sie sich möglichst mit einem Lächeln und einem Winken. Geht das nicht, so verfahren Sie wie folgt. Wenn Sie Gastgeber sind, vergewissern Sie sich, daß Ihr Gast es gemütlich hat. Dann entschuldigen Sie sich und statten ihren Freunden einen Blitzbesuch ab. Wenn Sie eine Frau sind und die Männer, an deren Tisch Sie eine Stippvisite machen, sich erheben wollen, sagen Sie ihnen: »Bitte bleiben Sie sitzen.« Fassen Sie sich kurz, aber seien Sie freundlich. »Wie schön, euch zu sehen! Wir müssen bald mal zusammen Mittag essen. Kann ich euch anrufen?«

Und wenn *Sie* blitzbesucht werden? Dann stellen Sie den Besuch auf die schnelle Ihrem Begleiter oder Ihrer Begleiterin vor. Männer stehen auf, außer es ist ihnen erlassen worden. Frauen bleiben sitzen.

Eine Fliege in der Suppe? Reklamieren Sie, wenn Sie zahlen. Wenn jemand anderer zahlt, machen Sie ihn darauf aufmerksam. Der richtige Ton ist lakonisch-humorig:

»Magnus, verlangen die Leute hier einen Insektenzuschlag?«

Und Suppe auf dem Gewand? Setzen Sie sich mit dem Fall auseinander. Wenn Sie einen Arzt brauchen, sagen Sie's. Wenn Sie Ihre Kleider wechseln müssen, sagen Sie's. Sind Sie der Gastgeber und verschont geblieben, so stellen Sie sicher, daß eine Entschädigung versprochen oder sofort geleistet wird. Sind Sie der verbrühte Gast, so schenken Sie sich das verzeihende Gelächter. Es kann sein, daß Sie nur in eine peinliche Lage gebracht worden sind. Es kann aber auch sein, daß Sie sich böse verbrannt haben. Wenn Sie allerdings in einer Schmuddelkneipe essen, werden Sie nur lauwarm naß.

Und nun gleich dreimal zum Wohl. *Your health! Cheers! Prost!*

Trinkgelder

Das hier Gesagte gilt teils fürs United Kingdom, teils dürfte es auch bei Ihnen von Nutzen sein.

Im Restaurant

Wenn das Bedienungsgeld im Preis enthalten ist, steht es auf der Speisekarte, und Sie werden es zahlen müssen. Sie können sich freilich auch weigern, wenn das Restaurant auf eklatante Weise versäumt hat, einen Service zu bieten, der der Norm entspricht. Welcher Norm? Ihrer.

Ist das Bedienungsgeld nicht im Preis enthalten, so legen Sie 10 bis 15 Prozent drauf, je nachdem, wie zufrieden Sie sind. Wenn Sie mit Scheck oder Kreditkarte zahlen, machen Sie's am besten so, daß Sie den Rechnungsbetrag unbar begleichen und das Trinkgeld in bar geben.

Garderoben- und Toilettenpersonal

Die Münze auf dem Tellerchen zeigt nicht unbedingt die Höhe des letzten Trinkgelds an. Sie weist vielmehr auf das Trinkgeld hin, das sehnlich erhofft wird. Haben Sie Ihren Mantel in der Garderobe hinterlassen, so geben Sie Trinkgeld, wenn Sie ihn wiederholen. Kramen Sie in Ihrem Portemonnaie und legen Sie ein paar kleinere Münzen auf den Teller.

Selbst wenn Sie die Garderobe nur wegen ihres Spiegels oder der sanitären Anlagen aufgesucht haben, können Sie sich erkenntlich zeigen. Das liegt ganz bei Ihnen.

Vielleicht wollen Sie der Frau ein Trinkgeld geben, die auf ihrem Stuhl gesessen und sich angehört hat, wie sie Pipi machen, aber vielleicht wollen Sie's auch nicht. Schließlich haben Sie es selbst vollbracht. Ich persönlich würde nur für Toilettenerlebnisse der Spitzenklasse Trinkgeld geben – sagen wir, für ein Ambiente mit Musik, Blumen, Bildern und einer ungewöhnlich freundlichen Toilettenfrau, wie man es früher im Covent Garden fand. Aber das ist ja leider verschwunden.

Beim Friseur

Die Azubis verschwinden wie Eintagsfliegen, also geben Sie bei jedem Besuch Trinkgeld. Fünfzig Pence sind an sich genug, aber in London wird man mehr zu schätzen wissen.

Komplizierter verhält es sich mit fertigen Stylisten. Wenn Ihre Beziehung nach Dauer aussieht, warten Sie bis Weihnachten und geben Sie dann ein üppiges Trinkgeld. Sonst müssen Sie sich furchtbar verrenken, um ihm jedesmal »unauffällig« seine 20 Prozent in die Jackentasche zu stecken. Mein Friseur trägt überdies keine Jacke. Nur eine sehr enge Hose. Wenn ich versuchen wollte, ihm auch nur 5 Prozent in die Tasche zu stecken, könnte ich wegen einer unzüchtigen Handlung belangt werden.

Kein Trinkgeld geben Sie Stylisten, die gleichzeitig Geschäftsinhaber sind.

Taxifahrer

Ich werfe ihnen 20 Prozent vor wie rohes Fleisch bei einer Raubtierfütterung. Manchmal wird das huldvoll entgegengenommen, manchmal auch so naserümpfend, als röche es irgendwo schlecht. Die meisten Menschen bezahlen Taxifahrer in fliegender Hast, und wenn ich es selbst furchtbar eilig habe oder flatterig bin, neige ich dazu, zuviel Trinkgeld zu geben. Ein Taxifahrer würde das Vorhandensein solcher Tendenzen natürlich bestreiten.

Im Hotel

Wer Ihr Gepäck trägt, ist auf Trinkgeld angewiesen. Sie brauchen nicht mit einer Münze in der hohlen Hand herumzudrucksen. Wenn Sie sich genieren, sind Sie hier der einzige. Fünfzig Pence pro Gepäckstück.

Zimmerkellner, Hausdiener, Nachtportiers und alle anderen Leute vom Hotelpersonal, die eine einmalige Dienstleistung erbringen und ihre Sache gut machen, sollten sofort Trinkgeld kriegen. Fünfzig Pence oder ein Pfund, je nachdem, wie sie sich verhalten und um welche Dienstleistung es sich handelt.

Bei uns stellen jetzt viele Hotels automatisch einen Bedienungszuschlag in Rechnung. Wenn Sie in einer grausigen Klitsche abgestiegen sind, sollten Sie sich nicht verpflichtet fühlen, noch was draufzulegen, es sei denn, Sie meinen, jemand hätte sich ein Trinkgeld für seinen Unterhaltungswert verdient. Hat man gut für Sie gesorgt, so lassen Sie Ihrem Zimmermädchen, dem Kellner, der Sie bei Tisch bedient hat, und dem Oberkellner je fünf Pfund zukommen. Mehr, wenn Sie bald wieder Gast des

Hotels sind und wünschen, daß man sich dankbar Ihrer erinnert.

Falls Sie erst in letzter Minute Trinkgeld geben und entdecken, daß der Mensch, den Sie beglücken wollen, an diesem Tag frei hat, hinterlegen Sie das Trinkgeld in einem unmißverständlich beschrifteten Umschlag bei der Rezeption. Und warten Sie nächstes Mal nicht so lange.

Am Flughafen

Geben Sie niemandem Trinkgeld außer Gepäckträgern. Im UK fünfzig Pence pro Gepäckstück.

In manchen Ländern haben die Leute höhere Erwartungen. Wie hoch genau, werden sie Ihnen schon zu verstehen geben. Wenn Sie schlau sind, informieren Sie sich in einem guten Reiseführer über die landesüblichen Sitten, damit Sie den Unterschied zwischen einer angemessenen Forderung und reinem Nepp kennen.

Vornehme Häuser

Wenn Sie in einem eingeladen sind und über Nacht bleiben, geben Sie denjenigen vom Personal Trinkgeld, die sich um Ihr Wohl gekümmert haben. Hinterlassen Sie in Ihrem Zimmer eine Zehnpfundnote für den guten Geist, der Ihren Koffer aus- und eingepackt und hinter Ihnen hergeräumt hat.

Bei Butlern wird es schwieriger. Sie nehmen Trinkgeld an, aber traditionellerweise nur von männlichen Gästen, und die Höhe des Betrags ist auch ein Problem. Am besten fragen Sie Ihren Gastgeber. Wenn Sie meinen, das ginge nicht, sollten zwanzig Pfund genügen.

Chauffeuren und Wirtschafterinnen brauchen Sie kein Trinkgeld zu geben, es sei denn, sie hätten Ihnen einen riesengroßen Gefallen getan.

Clubs und überhaupt

Nimmt Sie jemand in seinen Club mit, so geben Sie dort kein Trinkgeld.

Aber wenn Sie im Zweifel sind? Nun, dann geben Sie doch welches. Sie werden im allgemeinen weniger Anstoß erregen, wenn Sie jemandem Trinkgeld geben, der keines erwartet, als wenn Sie jemandem kein Trinkgeld geben, der fest damit rechnet. Jedem unterläuft mal ein Fehler. Und das macht uns so liebenswert menschlich.

Die lieben Kleinen

Eltern sind der Ursprung jeder neuen Generation von Tür-
zuknallern und Rotzhochziehern. Sie sind die Hüter der
guten Manieren der künftigen Welt, sie können besser als
alle anderen dafür sorgen, daß wir in einer ruhigeren, angenehmeren Umgebung alt werden. Wenn sie nur nicht so
unfähig wären.

Zunächst ein bißchen Sozialgeschichte

Von Kindern sah man früher was, man hörte sie aber nicht.
Ich habe diese Zeit nicht mehr selbst erlebt, dafür bin ich zu
jung. Aber ich bin unter Erwachsenen groß geworden, die
so erzogen waren. Was waren das für Menschen? Ich will es
Ihnen sagen.

Sie waren freundlich und völlig normal. Ein bißchen
vor der Zeit gealtert vielleicht, aber wer wäre das nicht,
wenn er – in unserem Fall – seine goldene Jugend in Erwartung eines frühen Todes durch die Bomben der deutschen
Luftwaffe verbracht hat? Diese Menschen waren zurückhaltend. Ich kann mich nicht erinnern, daß sie uns die Ohren
mit Wunschkonzerten vollgedröhnt oder leere Zigaretten-
schachteln auf die Straße geworfen hätten.

Meine Großmutter, die ungebildet war und aus armer,
wenig anregender Familie kam, galt fast als Skandalnudel.
Dabei war das Schlimmste, was sie je getan hatte, daß sie auf
der Straße rauchte und ihren Gin Tonic mit etwas zuviel Gin
nahm.

Diese Menschen waren von Kindesbeinen an dazu erzogen worden, anderen gegenüber Rücksicht zu üben. Und sie waren nicht verkümmert deswegen. Es hinderte sie nicht daran, Geschäfte zu betreiben, zu heiraten, Kinder in die Welt zu setzen, Ölbilder zu malen und nach Südamerika auszureißen. Sie waren in Ordnung. Sie schrieben Briefe, liebten sich unter Ausschluß der Öffentlichkeit und zogen auf der Straße vor Damen den Hut.

Und was kam dann? Die *Vergötterung des Kindes.*

Es begann mit der ersten Generation, die nach dem Zweiten Weltkrieg geboren wurde. In den sechziger Jahren hatte sich diese Mode durchgesetzt, und in den Siebzigern grenzte es schon an Ketzerei, einem Kind etwas abzuschlagen.

Jeder kleine Jack oder Beattie, Bela oder Hajo, der heute auf die Welt kommt, wächst mit einem starken Bewußtsein für seine eigenen Belange und einem sehr schwachen Bewußtsein für die Belange anderer heran. Diese kleinen Herzchen benehmen sich in der Familie ebenso ekelhaft wie gegenüber alten Damen in dunklen Gassen, und ihre Eltern behaupten garantiert, der Farbstoff im Orangensaft wäre daran schuld.

Meine Kinder sind natürlich ganz anders. Jedenfalls arbeite ich daran. Sie sind dazu erzogen worden, Türen aufzuhalten, mit geschlossenem Mund zu kauen und sich prompt zu erheben, wenn jemand ins Zimmer kommt, der bei uns zu Besuch ist. Sie finden das völlig sinnlos. Sie ziehen sich in ihre vier Wände zurück und maulen. Sie glauben, ich würde wandelnde Anachronismen aus ihnen machen. Ich will es sehr hoffen.

Fangen wir mit der Geburt an. Ich gehe mal davon aus, daß die meisten Menschen wissen, auf welchem Weg ein Baby normalerweise den Mutterleib verläßt. Ich wünschte mir, die frischgebackenen Väter würden bei den ersten zehn Abendgesellschaften, die sie nach dem freudigen Ereignis besuchen, auch davon ausgehen.

»Es war echt unglaublich! Ich meine, zunächst war Alison unheimlich gereizt. Wollte mich glatt auf den Mond schießen. Dann hat sie gesagt, es ginge gleich los. Aber ich weiß ja, wie Frauen sind. Also dachte ich mir, ich lese das Kapitel in aller Ruhe zu Ende. Habt ihr mal was von Bruce Chatwin gelesen? Und plötzlich schiebt sich dieses Ding, dieses walnußartige kleine Ding durchs Perineum vor! Das war schon Simons kleiner Kopf! Alison sah etwas angestrengt aus, und da hat der Doktor lieber gleich einen Dammschnitt gemacht. Ich hab ihm gesagt, er soll's wieder schön vernähen. Wie läuft es denn bei euch mit den Aktien?« Das ist nicht die Art Tischgespräch, die wohlerzogene Menschen führen.

Wollen Sie sich so was von der Seele reden, dann tun Sie's unter vier Augen bei Ihrem Bruder, Ihrem Vater oder dem Kollegen aus dem Büro, wenn er (a) in nächster Zeit etwas Ähnliches erleben wird oder (b) sehr erpicht darauf ist, Ihnen zu lauschen. Ansonsten sollten Sie dergleichen ebensowenig öffentlich diskutieren wie Ihre Schulden, Ihre Schwächen und die Untugenden Ihres besten Freundes.

Das gilt auch für junge Mütter. Wundnähte, Blutungen und Brustwarzen sind nur etwas für kleine exklusive Frauengruppen, und selbst hier fühlen Sie besser erst mal vor. Und da wir gerade davon sprechen, daß man von Brustwarzen nicht sprechen soll, komme ich zum Stillen.

Ich bin keine lebensfeindliche, alte Jungfer. Ich schwimme nackt, ich tanze mit Wonne (zumindest an Silvester), und ich habe meine Kinder gestillt. Sie werden niemanden finden, der mehr dafür ist als ich. Ich habe es mit soviel missionarischem Eifer betrieben, daß nur wenige Männer, die zwischen 1974 und 1980 im Süden der Grafschaft Bedfordshire ansässig waren, nicht in der Lage sein dürften, die Form und Größe meiner Auslage in allen Einzelheiten zu beschreiben. Ich habe nie gefragt, mich nie entschuldigt. Ich habe einfach die Brust gezückt und es getan, frischweg bei der Zabaglione. Aber lassen Sie sich einen Rat von mir geben: Seien Sie keine säugende Nervensäge.

Wenn Sie zu Hause sind, können Sie stillen, wo Sie wollen. Wenn Sie woanders sind, dann gehen Sie davon aus, daß es mindestens einem der Anwesenden lieber wäre, Sie zögen sich zurück. Sind sich alle ganz und gar einig darüber, daß Sie Ihr Baby mitten unter ihnen stillen sollen, so werden sie's Ihnen sagen.

Aber setzen Sie eine solche Zustimmung auch bei nahen Verwandten nicht als selbstverständlich voraus. Möglicherweise ist Ihrer Oma oder Ihrem Schwager unbehaglich dabei.

»Der kann einem nur leid tun!« sagen Sie vielleicht. Ja. Es ist traurig, daß Brüste so viele Leute ins Schwitzen bringen. (Mich bringen Brüste ins Schwitzen, wenn ich welche in der U-Bahn in Zeitungen sehe.) Bei guten Manieren geht es im wesentlichen darum, daß man jemanden niemals wissentlich, rücksichtslos und überflüssigerweise ins Schwitzen bringt.

Einer Ihrer Freunde hat vielleicht große Probleme mit Brüsten. In dem Moment, wo Sie die Ihren in seinem Wohnzimmer entblößen, werden seine Probleme plötzlich Ihre. Sie mögen sich sehr wohl fühlen. Sie mögen alle Menschen im Raum kennen und absolut sicher sein, daß sie nichts dagegen haben. Trotzdem. Stehen Sie auf und sagen Sie: »Ich muß jetzt Simon füttern. Wo kann ich das am besten?«

Wahrscheinlich wird man Sie in ein kühles Schlafzimmer führen. Lassen Sie sich's nicht verdrießen. Das hat seine Vorteile. Ihr Baby wird sich auf das konzentrieren, was es vor sich hat, und die Mahlzeit wesentlich rascher beenden als im Kreise von hundert Zuschauern. Das gilt besonders für Babys, die über vier Monate alt sind. Sie interessieren sich für Gesellschaft fast ebenso wie für die Muttermilch. Wenn sie ihren ersten Hunger gestillt haben, erliegen sie dem Drang, ihren kleinen Gummihals zu verdrehen und Beobachtungen anzustellen: »Oh, guck mal, da ist Onkel Martin! Und da ist der große blonde Berg, der Claudia heißt. Und da ist der riesenböse reißende Wolf, der auf den Namen Du-Mistvieh-von-Yorkshire-Terrier hört. Was gibt's außerdem? Jetzt hat jemand ein Freudenfeuer auf der Couch angezündet. Nein, stimmt nicht. Das ist nur Opa mit seiner Pfeife.« Und erst dann wenden sie sich wieder ihrer Mutter zu, um noch ein Schlückchen zu trinken. Aber in Martins und Claudias Schlafzimmer wird Simon nur denken: »Brr, ist das kalt hier. Lieber schnell futtern.«

Stillen führt uns automatisch zu anderen Dingen. Auch die sollte man in aller Abgeschiedenheit erledigen. Windeln Sie Ihr Baby nie in Gesellschaft.

Bevor nun jemand über mich herfällt und darauf hinweist, wie isoliert Mütter heutzutage sind und daß im hintersten Galizien vor hundert Jahren die Babys am häuslichen Herd gestillt wurden, die kleinen Kinder ihr großes Geschäft machten, wo sie gingen und standen, die Frauen schwesterlich miteinander kommunizierten und sich den letzten Teller Schweineborstensuppe teilten, darf ich vielleicht folgendes sagen: Nostalgie ist nicht ganz ungefährlich, und die Traditionen des ländlichen Spanien lassen sich nicht ohne weiteres aus dem 19. Jahrhundert in eine großstädtische Umgebung des 20. Jahrhunderts verpflanzen.

Es tut mir leid, wenn Sie sich isoliert fühlen. Es tut mir wirklich leid. Aber ich glaube nicht, daß es Ihnen bessergeht, wenn Sie Simon die hellbraunen Überreste seines Frühstücks in Gesellschaft vom Po schaben. Was wollten Sie sagen? Daß Simon nur eine Winzigkeit von etwas ausgeschieden hat, das wir alle in uns haben? Daß die wasserdichte Unterlage auf Ihrer Wickelkommode todschick ist? Oder daß Sie finden, Kinderbetreuung sei ein Job, den man mindestens zu zweit machen sollte?

Nun, dann richten Sie Ihre Bemerkungen gezielt an den anderen Elternteil. Große öffentliche Gesten werden Sie nicht halb so weit bringen wie leise Hartnäckigkeit. Wenn der Vater Ihres Kindes meint, seine Rolle bestünde nur darin, Spielzeug zu kaufen und von seinem Lehnstuhl aus herumzumäkeln, dann überreichen Sie ihm den soeben in die Windeln gedonnert habenden Simon und machen Sie einen gemütlichen, langen Spaziergang.

Kinder werden größer. Sie hören auf, sich in die Hose zu machen, und gehen statt dessen aufs Töpfchen. Aber nicht vor Gästen. Sie lernen gehen und sprechen. Aber nicht auf Kosten anderer. Und schließlich lernen sie, selbständig zu essen. Das dauert freilich.

Von meinem Standpunkt aus betrachtet, sind die Kinder von heute nicht zum Jubeln. Da sie noch klein sind, haben sie keinen Sinn für gute Manieren, und da sie zuviel dürfen, werden sie den auch nie bekommen. Ihre Eltern sind verwirrt. Sie wollen, daß ihre Kinder frei aufwachsen. Sie wollen, daß sie ohne Einschränkung schmecken und riechen und fühlen und sich äußern können. Ständig unterbrochene Gespräche, demolierte Möbel – kein Preis ist ihnen zu hoch. Weil sie wirklich an das selbstbestimmte Kind glauben.

Daneben sind sie auch feige. Es braucht nämlich Mut, entschlossen mit Kindern umzugehen. Man riskiert dabei, in der Öffentlichkeit aufzufallen. Wie im folgenden Beispiel:

»Gib das her, oder du kriegst einen Klaps.«

»Nein, ich geb's nicht her.«

Klaps.

Wieviel einfacher ist es, seine Würde vor die Pflicht zu stellen!

»Gib das her, oder du kriegst einen Klaps.«

»Nein, ich geb's nicht her.«

»Wart nur, bis wir zu Hause sind. Und wenn du's nicht hergibst, dann laß es wenigstens nicht am Zaun entlangrattern. Die Frau hier schaut schon.«

Wenn man nicht darauf bauen kann, daß Kinder gehorchen, machen sie außer Haus nur Ärger. Eltern, die es soweit kommen lassen, versündigen sich grob gegen die guten Manieren.

Schließlich gibt es die (weniger schwere) Sünde, Leute zu Tode zu langweilen. Manche Mütter können irgendwann nur noch von Ohrenschmerzen, Zahnungsproblemen, Spulwürmern, Milchallergien und wieder Ohrenschmerzen reden. In gemischter Gesellschaft ist das schlichtweg ungezogen.

Okay, die Welt ist klein, wenn Simon drei ist und Patricia noch nicht mal zwölf Monate und Ihre Umgebung aus Kinderwagen und Kinderstühlen und einem Schachtelteufel besteht, der den ganzen lieben langen Tag aus der Schachtel kommt. Ich weiß. Ich hab's selbst erlebt.

Aber diese Welt wird klein bleiben, wenn Sie es zulassen. Wenn Sie nicht gegen die Tür drücken, geht die Tür nie auf. Sie müssen über irgendein Thema sprechen können, das nichts mit Kindern und Nasentropfen zu tun hat. Und wenn Ihr Partner beim Abendessen einen zweistündigen Monolog über Bauxitgewinnung hält, haben Sie es nicht nötig, ebenso tief zu sinken. Seien Sie erfreulich. Seien Sie phantasievoll. Versuchen Sie nicht, ihn mit einem Gegenmonolog über Windelausschlag zu übertreffen. Besinnen Sie sich auf Ihre guten Manieren.

Tierische Manieren

Der höfliche Katzen- und Hundehalter

Der durchschnittliche vierbeinige Liebling der Familie ist eine fleischgewordene, leicht mit Schnurrhaaren getarnte Ungezogenheit. Das liegt daran, daß er ein Tier ist. Wenn wir Pluspunkte wie Schönheit, Gehorsam und die Fähigkeit, auf den Hinterbeinen zu gehen, beiseite lassen, ist jedes Tier eine Belastung, zumindest in manierlicher Gesellschaft.

Sofern Sie davon überzeugt werden müssen, richten Sie den Blick auf eine Rose unter Dornen. Betrachten Sie eine wohlerzogene Katze.

Auch wenn Sie Katzen nicht mögen, werden Sie zugeben, daß sie reinlich sind und nicht dazu neigen, den Menschen abgöttisch zu verehren. Sie behalten nur die Leute im Gedächtnis, die Futterdosen für sie aufmachen. Soweit das Positive. Und nun muß darauf hingewiesen werden, daß selbst sehr liebe Katzen ihre Krallen schärfen, den Gemüsegarten des Nachbarn als Klo zweckentfremden und einander um 3 Uhr morgens Ständchen bringen. Das ist kätzisch, und es bleibt Ihnen nicht erspart.

Normale Katzen tun noch sehr viel mehr. Hier eine kleine Auswahl:

* Sie streichen Gästen so um die Beine, daß diese keinen Schritt tun können.
* Springen auf alles, was einen Schoß hat.
* Springen kleine Pelztiere an und bringen sie Ihnen als Geschenk – noch schön warm.
* Springen auf den Tisch.

✳ Springen auf den Tisch und versuchen sich in der Kunst, a) Appetitverlust durch Hypnose herbeizuführen oder b) das Geflügelsandwich mittels Telekinese heranzuholen.

Weil die meisten dieser kleinen Unarten mit Stillschweigen übergangen werden können, bleiben sie ungeahndet. Sind Sie sicher, daß Ihre Katze noch nie mit dem Hinterteil das Kopfkissen eines Übernachtungsgasts gewärmt hat?

Manche Menschen sind allergisch gegen Katzen. Andere machen sie nervös. Wieder andere haben Angst vor ihnen. Wenn Sie eine Katze haben, sollten Sie genau wissen, was sie tut und mit wem.

Als Gast sind Sie nicht verpflichtet, Liebe zu Katzen zu heucheln. Der Katze wird es egal sein, und sie wird Sie überdies sofort durchschauen. Wenn Sie nichts mit Katzen anfangen können, ist es besser, Sie kultivieren den Ruf, daß Sie Tiere nicht leiden können. Dann bleibt es Ihnen wenigstens unbenommen, Katzen so laut und ostentativ vom Tisch oder aus dem Bett zu entfernen, daß es ernst genommen wird.

Es kommt noch tierischer

Mit einem Hund können Sie vielleicht nicht auf diese Weise verfahren. Zumal wenn er größer ist als Sie.

Hundehaltung und gute Manieren sind praktisch unvereinbar. Wenn Ihr Hund nie an Leuten hochspringt, sabbert, beißt, kratzt, klaut, schmatzt, abhaut und bellt, bis man keinen klaren Gedanken mehr fassen kann, haben Sie das Unmögliche allerdings beinahe geschafft. Wo haben Sie dieses Wundertier her?

Die meisten Hunde sind unleidlich wegen der Menschen, bei denen sie wohnen. Vielbeschäftigte, müde Leute, die oft nicht zu Hause sind. Leute, die weder die Zeit noch das Charisma haben, irgendein Lebewesen zu erziehen. Geschweige denn einen Rottweiler.

Der artige Hund bleibt mit seinen vier Pfoten fest auf dem Boden. Er verbellt Hausfremde, bis ihm sein Herr dies verweist, und ist dann still. Er bettelt und stiehlt nicht bei Tisch. Er schläft in seinem Körbchen, kommt, wenn er gerufen wird, und entleert seine Eingeweide nur da, wo er soll. Der artige Hund ist ein unnatürlicher Hund. Davon gibt es in der ganzen westlichen Welt etwa drei.

Wenn Sie partout einen Hund halten müssen, sollten Sie sich um der guten Manieren willen stets an die folgenden Punkte erinnern:

* Müssen Ihre Gäste jedesmal, wenn sie sich die Hände waschen oder sich ein Stück Teegebäck nehmen wollen, dem Hund von Baskerville trotzen, so werden sie sich bald nicht mehr bei Ihnen melden.
* Können sich Ihre Gäste nicht über eine zweistimmige Motette für Basset und gedackelten Schäferhund hinweg verständlich machen, so werden sie sich ebenfalls bald nicht mehr melden.
* Hunde stinken.
* Nasse Hunde stinken noch schlimmer.
* Dreck und Hundehaare machen nur dann Spaß, wenn man richtig dafür angezogen ist.
* Hunde, die sich mit Hosenbeinen paaren, sind nicht komisch, sondern peinlich. Hunde, die beißen, sind nicht verspielt, sondern gefährlich.

Mit all dem im Hinterkopf müssen Sie sich schlüssig werden. Ist Ihr Hund schon nicht mehr besserungsfähig? Und wenn ja, wohin tun Sie ihn dann, damit er keine Menschen mehr belästigt? In die Kammer mit den Stiefeln und den alten Zeitungen? Das wird ihm nicht gefallen.

Gastgeber sollten generell davon ausgehen, daß Gäste, die gern einen Englischen Setter im Bett haben, ausdrücklich einen verlangen. Ansonsten sollte man Hunde von Gästebetten, fremder Habe und Waden fernhalten.

Ein Hundebesitzer, der den Mut hat, seinen Hund zu anderen Leuten mitzunehmen, muß sich sehr sicher sein, daß er willkommen ist und daß er seinen treuen Gefährten wirklich unter Kontrolle hat. Werden diese Leute gelassen bleiben, wenn Bello das Bein an ihrer Art-Deco-Stehlampe hebt? Ich lehne Hunde als Gäste grundsätzlich ab. So gerate ich nicht in die Verlegenheit, die Besitzer verklagen zu müssen.

Was Hunde betrifft, ist es einfacher, ein beleidigter Gast als ein verlegener Besitzer zu sein. Dank Ihres emotionalen Abstands können Sie wirkungsvoll mit Bello verfahren.

Wenn er Sie um Essen anbettelt, sprechen Sie streng mit ihm. Es ist ziemlich egal, was Sie sagen. Hunde haben ein sehr begrenztes Vokabular. Bei ihnen macht der Ton die Musik. Sie können zärtlich säuseln: »Bello, am liebsten sähe ich dich schön knusprig gebraten mit einer Zitrone im Maul und mit Buttergemüse umlegt«, und Bello wird Ihr Freund fürs Leben sein. Aber wenn Sie barsch »So ein guter Hund!« sagen, wird er sich in die Ecke verdrücken.

Seien Sie barsch, wenn er bei der Begrüßung hysterisch Ihre Knie attackiert oder es sich auf Ihnen bequem macht, als wären Sie ein alter vergammelter Lehnstuhl. Die anderen Gäste werden Sie bewundern. Vielleicht eifern sie Ihnen sogar nach, und dann wird die Welt – oder zumindest der Weltausschnitt, den dieser Hund bewohnt – ein angenehmerer Aufenthaltsort.

Und wenn Bello beißt? Dann halten Sie sich nicht diskret zurück. Ein Hundebiß ist nicht mit einem Glas untrinkbarem Sherry zu vergleichen. Das kippt man in den Kübel der Zimmerpalme, und je weniger man darüber redet, desto besser. Aber ein Hundebiß ist ein Hundebiß. Schlagen Sie Krach. Gehen Sie ins Krankenhaus damit. Machen Sie sich unter diesen Umständen keine Gedanken darüber, daß Sie Ihren Gastgeber beleidigen könnten. Das hat er sich selbst zuzuschreiben.

Liebeswerbung und Schlafzimmer

Es ist eine traurige Wahrheit, daß es mit den guten Manieren oft an der Schlafzimmertür ein Ende hat.

Der Sex wird als eine Art magische Anziehung betrachtet. Guter Sex gilt als bewußtlos-spontaner Aufruhr der Sinne. Wogegen es bei den guten Manieren um Bewußtheit geht, eine Bewußtheit, die andere und das eigene Ich in sich einschließt. Sind guter Sex und gute Manieren also totale Gegensätze? Ja. Und nein.

Es gibt beim Sex zwei Arten von Anziehung. Die erste ist der sprichwörtliche Funke, der durch einen vollen Raum überspringt. Die zweite kommt später, wahrscheinlich sehr viel später, und das ist die Anziehung, der sich die Glücklichen und die Klugen ergeben. Dazwischen liegt die Zeit der Werbung, und dabei können Sie mit guten Manieren sehr glänzen.

Näherkommen

Zum Sex gehören zwei. Darum sollten Sie sich in jenem vollen Raum zunächst vergewissern, ob Sie die Signale nicht mißdeuten. Mit einem Lächeln oder einem Winken drückt man normalerweise keine ernsten sexuellen Absichten aus. Mit einem Zwinkern vielleicht. Aber das kann auch nur eine freundliche und mitfühlende Solidaritätsgeste sein. Möglicherweise bedeutet es nicht mehr als: »Wie ich sehe, hat Lou auch Ihnen ein paar grätige Hechtklößchen aufgedrängt.«

Jegliches Handauflegen kann Ihre schlimmsten Befürchtungen oder Ihre rosigsten Hoffnungen bestätigen. Muß aber nicht. Berührt jemand Ihren Arm, so hat das meistens keinen sexuellen Nebensinn. Südländer und Amerikaner tun es, um »Hallo, Mitmensch!« zu sagen, und Briten tun es, wenn sie Sie schon fünfundzwanzig Jahre kennen und absolut sicher sind, daß Sie's nicht in den falschen Hals kriegen.

Legt jemand seine Hand woandershin, dann entsteht eine neue Situation. Dann ist eine prompte Antwort gefordert. Entweder: »Danke, lieber nicht« oder »Das entspricht genau meinen Vorstellungen. Hier ist meine Telefonnummer.«

Beide Antworten lassen keinen Raum für Zweifel. Das macht sie sehr nützlich, aber nicht unbedingt zu dem, was wir hören wollen. Enttäuschungen machen uns meist nicht gerade amüsanter. Es gibt keine größere Bewährungsprobe für gute Manieren als die gekonnte Zurückweisung.

Ablehnungen

Die Männer können auf eine lange und entsetzliche Geschichte des Ertaubens, Erblindens und Sich-Dummstellens in diesem Moment zurückblicken. Nun da auch die Frauen ein bißchen Übung in diesen Dingen bekommen, ziehen sie rasch nach.

Es braucht Mut, sexuelles Interesse an jemandem zu bekunden. Man muß praktisch sagen: »Ich hab einen ungeheuren Zinken, das Abitur und schwitzige Hände. Darf ich Ihnen trotzdem einen ausgeben?« Und man muß es laut und deutlich sagen, sonst wird es nicht gehört. Das ist hart.

Da ihnen solche Erfahrungen fehlen, haben Frauen jahrhundertelang auf Barhockern und anderen Möbeln gesessen und die Jungs abfahren lassen: »Was? *Du?* Soll das ein

Witz sein, Thomas? So weit kommt es hoffentlich nie mit mir!«

Ist das nicht rüde? Ist das nicht die gemeinste, grausamste und überflüssigste Art von schlechten Manieren? Versetzen Sie sich mal, wie bei jeder Übung in guten Manieren, in die Lage des anderen, also in die von Thomas. Kein tolles Gefühl, oder?

Will jemand etwas von Ihnen, was Sie nicht wollen – heute nicht, morgen nicht und selbst dann nicht, wenn dieser Mann der einzige im Umkreis von tausend Kilometern wäre –, dann brauchen Sie Ihre Antwort noch lange nicht auf einen roten Doppeldeckerbus malen zu lassen, Sie brauchen keine Lautsprecheranlage, und es ist nicht nötig, daß Sie eine Pressekonferenz veranstalten. Sagen Sie einfach: »Nein«.

Wenn Ihr Verehrer sich als die Art Mann erweist, die meint, »nein« hieße »vielleicht«, können Sie die Pressekonferenz immer noch veranstalten.

Und wenn Sie die Art Frau sind, die »nein« sagt und »vielleicht« meint, dann wundern Sie sich nicht darüber, daß Ihnen niemand was glaubt.

»Ja« hören wir alle lieber als »nein«, aber wir kriegen eben nicht immer, was wir wollen. Häßliche Szenen, Wutanfälle, demonstratives Schmachten – das sind schlechte Manieren. Damit wollen wir nichts mehr zu tun haben.

Den Hof machen

Dazu gehörten früher Blumen, Anstandsdamen und parfümiertes Briefpapier. Diese Dinge führten langsam und auf köstliche Weise zu anderen Dingen. Oder auch nicht.

Das Vorspiel ist löblich, aber es ist nicht dasselbe. Vor seiner »Erfindung« war es vermutlich sehr hübsch. Inzwischen ist es oft eine ziemlich verklemmte Demonstration.

»Okay, Monika, ich hab dich zehn Minuten mit meiner erstaunlichen manuellen Geschicklichkeit verwöhnt. Soll ich dir jetzt die Füße massieren, oder soll ich gleich zum Ohrläppchenknabbern übergehen?«

»Gabriel! Deine Eltern kommen in einer knappen Dreiviertelstunde, und ich muß noch den Rosenkohl aufsetzen! Ich hab's dir schon voriges Mal gesagt, laß das Vorspiel, und dann werden wir sehen, ob wir hinterher Zeit dafür haben.«

Das ist eine Affenschande. Machen wir uns lieber wieder den Hof. Die Regeln dieses Geschehens sind altmodisch und frustrierend. Sie teilen den Anfang einer Beziehung in behutsame Schritte ein und geben beiden Parteien die Möglichkeit, »Halt« oder »Noch ein bißchen weiter« zu sagen. Sie tragen dem nervösen Selbsthaß Rechnung, der die junge Liebe begleitet (»Er ist einfach perfekt. Warum ist er so nett zu einer Frau mit Schnittlauchlocken und einem Einzimmerapartment in Acton?« – »Was für ein Mädchen! Was für ein sagenhaftes Mädchen. Kann es sein, daß sie meine Segelohren übersehen hat?«) und helfen Ihnen über die erste Verwirrung hinweg. Wenn Sie damit beschäftigt sind, Türen aufzuhalten und auf der richtigen Seite Ihrer Dame zu gehen, vergessen Sie Ihre Segelohren.

Die Regeln:

✳ Eile mit Weile.
✳ Lassen Sie die aphrodisische Wirkung von echter Aufmerksamkeit, Rücksicht und Zurückhaltung reichlich zum Tragen kommen.
✳ Machen Sie die Pferde nicht scheu.

Liebe in der Öffentlichkeit

Heute läßt man Ihnen im Hyde Park und anderswo fast alles durchgehen, was vor fünfzig Jahren nur in einem Schlafzimmer bei ausgeknipstem Licht denkbar war. Aber nur weil man Ihnen fast alles durchgehen läßt, heißt das nicht, daß Sie's tun sollen. Es gibt viele Dinge zwischen Mann und Frau, die Sie am besten im stillen Kämmerlein erforschen. Exotische Unterwäsche zum Beispiel. Verrenkungskünste. Wenig bekannte Anwendungen der Zunge. Einige Außenstehende beobachten solcherlei Treiben gern, aber das sind hauptsächlich Spanner.

Ich möchte Monika und Gabriel nicht im Park fummeln sehen, und Millionen normaler Menschen geht es genauso wie mir. Fummeln hat für Unbeteiligte keinen Unterhaltungswert. Es ist nur peinlich.

Wenn Sie alt genug sind, um es zu tun, sind Sie auch alt genug, um es zu lassen. Also lassen Sie's.

... und unter vier Augen

Bevor wilde Selbstvergessenheit an die Stelle der guten Manieren tritt, sollten ein paar Dinge geklärt sein.

Erstens: Wollen Sie das beide? Entgegen dem allgemeinen Glauben sind Männer nicht ständig sexbereit. Sie sind auch müde, todmüde, schüchtern, indifferent, und dann und wann haben sie ... Kopfschmerzen, ja.

Zweitens: Wo? Es reicht nicht unbedingt, daß sich zwei mündige Erwachsene einig sind. Wie empfindet es der Rest des Hauses? Angenommen, die Wände sind dünn und es ist noch früh am Abend – wie wäre es dann, wenn Sie woandershin gingen?

Drittens, und das ist der wichtigste Punkt: Nehmen wir dein Kondom oder meines? Es fällt selbst in diesem fortgeschrittenen Stadium einer Beziehung seltsam schwer, über Gummiwaren zu sprechen. Wenn Sie's im Interesse des gesunden Menschenverstands nicht schaffen, dann versuchen Sie es im Namen der guten Manieren. Sie wissen nicht, wo die Dame Ihres Herzens vorher war. Und vermutlich wollen Sie ihr nicht erzählen, wo Sie vorher waren. Das tut auch nicht not. Denn jeder weiß, daß Kondome etwas sehr Vernünftiges sind, daß sie im Fernsehen empfohlen werden und daß man sie mittlerweile fast überall kaufen kann. Wenn der Rest okay ist, wird ein Kondom nichts verderben. Sind Sie in dieser Hinsicht direkt, so nehmen Sie Ihrem Partner eine Last ab. Und was könnte höflicher sein?

Sonst noch was?

Angezogen? Ich meine, in Latex verpackt? Gut. Jetzt sind Sie auf sich gestellt. Wenn sich die Begegnung als nicht übermäßig ekstatisch erweist, dann kann es am Wetter liegen oder am sinkenden Dollarkurs. Es kann auch daran liegen, daß Ihr Partner im Bett schlichtweg lausig ist. Vielleicht wird's beim nächsten Mal besser, wenn Sie sich die folgenden Punkte einprägen:

* Legen Sie beim Sex keine Unterbrechung ein, um einen Anruf Ihres Börsenmaklers entgegenzunehmen.
* Die Sportschau ist eine mögliche Alternative zum Sex, aber nicht die beste Begleitung.
* Vier Minuten sind gut fürs Zähneputzen, ein weiches Ei und einen gemütlichen Tausendmeterlauf. Für mehr leider nicht.

* Feilen Sie Ihre Nägel oder lesen Sie ›Cosmopolitan‹ lieber vorher oder danach.
* »Oh, oh, oh, eben ist mir eingefallen, was ich vergessen habe einzukaufen!« ist nicht der animalische Schrei, nach dem sich Männer sehnen.
* Ähnlich verhält es sich mit: »Gabriel! Ich hab das Bett erst vorhin frisch bezogen!«

Prägen Sie sich auch diese Liste von Spaßverderbern ein: Socken, Unterhemden, Bettschuhe, Haarnetze, Lockenwickler, Wickvaporub, Bierfahnen, weinende Kinder, Berichte von Eroberungen und Liebesfreuden der Vergangenheit, Blähungen, Nachlässigkeit und – das ist das Schlimmste – Namensverwechslungen im Sturm der Leidenschaft.

Phantastischer Sex, aber das falsche Gesicht

Dergleichen kommt vor.

Wenn Sie in flagranti erwischt werden, hilft natürlich kein Leugnen mehr. Leute, die sich in fremden Betten erwischen lassen, wollen im allgemeinen erwischt werden. Sie werden das weit von sich weisen, aber es gibt so viele andere Orte, an denen man sich miteinander vergnügen kann, daß niemand ihnen glauben wird. Sind Sie der Erwischte, so ziehen Sie sich mit Würde zurück. Wenn Sie mit einem Bein in Ihren Boxershorts die Treppe hinunterhopsen, wird das die Lage nicht retten, also können Sie Ihre Gewänder ruhig ordnen, bevor Sie gehen.

Sind Sie der Erwischende, so sollten auch Sie sich zurückziehen. Wenn Ihr Argwohn eben bestätigt worden ist, haben Sie diejenigen, die Sie betrogen haben, in die größte

Verlegenheit gebracht, und schreien können Sie später immer noch. Und wenn Sie völlig ahnungslos waren? Dann werden Sie schockiert sein. Vermutlich werden Sie sich automatisch ein Plätzchen suchen, wo Sie allein sein können, bis Sie wieder einen halbwegs klaren Kopf haben. Das ist sehr weise.

Andererseits haben Sie hier eine der seltenen Gelegenheiten, bei denen Sie jemandes Zweihundertmarkseidenwäsche in Ihren Müllschlucker werfen und sich trotzdem den Ruf erhalten können, ein Mensch mit vorzüglichen Manieren zu sein.

Katastrophen

Große Katastrophen erfordern große Geistesgegenwart. Ist Demütigung angesagt und Flucht unmöglich, wird der Adrenalinstoß unvermeidlich sein. Wenn Sie so sind wie ich, wird er zu spät wirken, um tatsächlich zu helfen. Die glänzendsten Lösungen sind mir immer eine halbe Stunde *nach* dem Ereignis eingefallen. Was nun folgt, sind Beispiele dafür, daß man hinterher immer klüger ist. Die Überlegung dabei: Haltung bewahren ist fast immer das beste. Schließlich kann Verlegenheit andere sehr verlegen machen.

Mangelnde Bekleidung

Wenn Sie feststellen, daß jemand mehr oder weniger entblößt ist, dann schätzen Sie die Erheblichkeit des Problems ab. Zum Glück für die Zerstreuten fällt den meisten von uns sehr wenig an anderen und sehr viel an uns selbst auf. Es spricht einiges dafür, daß niemand außer Ihnen was gemerkt hat und merken wird. Deshalb sollten Sie den Blick abwenden und schweigen.

Eine Ausnahme würde ich nur bei umgeschlagenen Röcken machen. Das kommt manchmal vor, wenn frau auf der Toilette war und es furchtbar eilig hatte. Wenn Sie das sehen, nehmen Sie die Arme beiseite und sagen Sie's ihr. So was könnte eines Tages auch Ihnen passieren.

Bemerken Sie plötzlich offene Knöpfe an sich, so schließen Sie diese. Und wenn Ihnen eine ungehaltene Brust aus dem Kleid rutscht, dann fassen Sie sie stolz und schieben sie zurück. Einigen Leuten wird es gar nicht aufgefallen sein, und mindestens die Hälfte derer, die es mitgekriegt haben, hat es wahrscheinlich genossen. Entschuldigen Sie sich auf gar keinen Fall.

Zerrissene Höschengummis gehören praktisch der Vergangenheit an. Höschen haben heutzutage meistens ein Elastikband, das langsam verschleißt und Sie ausreichend vorwarnt. Aber wenn Sie schlampig sind und nicht darauf achten, finden Sie sich vielleicht unversehens doch mit um die Knöchel schlackernden Slips wieder.

Sollte das passieren, ahmen Sie am besten Barbara Castle nach, eine der stilvolleren Darstellerinnen auf der politischen Bühne, die vor vielen Jahren auf der Parliament Street zu London ihr Höschen verlor. Was tat sie? Denken Sie nach. Was *konnte* sie tun? Sie stieg heraus, hob es auf und steckte es in ihre Handtasche.

Ich kann nur folgendes hinzufügen: Wenn Sie keine Handtasche haben, steigen Sie heraus, kicken Sie das Höschen beiseite und gehen weiter.

Lachkrämpfe, Kichern

Dazu neigt man entweder oder nicht. Falls ja, lernen Sie erkennen, wann Sie den *point of no return* erreicht haben, und verlassen Sie sofort den Raum. Zermartern Sie sich nicht den Kopf wegen der Störung, die Sie mit Ihrer Flucht verursachen. Blieben Sie, so wäre der Schaden noch viel größer.

Wenn ich mich an das gehalten hätte, was ich hier predige, hätte man mich 1977 nicht dazu aufgefordert, eine Kulturhausveranstaltung zu verlassen, und ich wäre im Herbst 1982 nicht bei einem Klavierabend des Saals verwiesen worden. Ich weiß nicht mehr, worüber wir lachten. Ein harmloses Wort, das wir albern mit Zweideutigkeit aufluden, oder die Form von jemandes Ohren? Egal. Wir wußten, daß wir auf eine Katastrophe zusteuerten. Wir hätten in Würde gehen können. Aber wir blieben und kicherten und mußten schließlich doch gehen, ausgestoßen und zutiefst beschämt.

Ehrliche Meinungen

Manche Situationen schreien förmlich danach, daß Sie Komplimente machen, wobei es gleichgültig ist, wie unaufrichtig sie sind.

Wenn Sie nach Ihrer ehrlichen Meinung gefragt werden – sei es zu Annas Dauerwelle, sei es zu Hugos Vortrag –, dann folgen Sie Noël Cowards Beispiel. Er war der Meister des Indirekten. Sie kriegen es vielleicht nicht so elegant hin wie er, aber seine Worte haben die Zeiten überdauert. Wenn Hugo Sie also atemlos fragt: »Na, was sagst du?«, antworten Sie:

»Hugo! Mir fehlen die Worte!«

Kampf bis aufs Messer

Es ist höchst unerfreulich, sich mit einem Streit auseinanderzusetzen, aber wenn Sie's nicht tun, wird er eskalieren. Das haben Kräche nun mal an sich. Da der Streit auf Ihrer Party stattfindet, ist er Ihre Sache. Ruhige Frauen und Krüge voll kaltem Wasser im Hintergrund sind sehr hilfreich. Ein Streit im nüchternen Zustand ist das Übelste, aber in den meisten Fällen werden Sie vorgewarnt sein, denn einem solchen Streit gehen oft stundenlange Sticheleien voraus. Entscheiden Sie sich für eine Radikalkur. Sagen Sie den beiden Beteiligten, daß sie Ihr Haus verlassen sollen.

Anders verhält es sich mit Krächen im betrunkenen Zustand. Sie führen vielleicht zu blutigen Nasen, aber es ist ebensogut möglich, daß streitende Angetrunkene letzten Endes einschlummern oder einander ewige Treue schwören. Setzen Sie die ruhigen Frauen und die Krüge voll kaltem Wasser ein. Und machen Sie keine Gefangenen.

Am Stück oder in Scheiben?

Bei Festessen werden Fisch und Fleisch oft in Scheiben aufgeschnitten, damit besser vorgelegt werden kann, und dann wegen der Optik wieder zusammengefügt. Der Kellner erscheint links von Ihnen mit einer Platte aufgeschnittenem Schweinebraten und bittet Sie, sich selbst zu bedienen. Ihm schwebt vor, daß Sie sich nur eine Scheibe nehmen. Und Sie möchten sich auch nur eine nehmen. Aber irgendwie will sich die Scheibe nicht von den anderen trennen. Bevor Sie »Das Messer war aber stumpf« sagen können, haben Sie ein halbes Schwein auf dem Teller.

Dies ist das korrekte Vorgehen:

Sie sagen zum Kellner: »Einen Moment.«

Dann schneiden Sie ab, was Sie behalten wollen. Den Rest befördern Sie auf die Platte zurück. Und fügen Sie laut hinzu: »Bitte vergewissern Sie sich, daß die anderen Scheiben richtig aufgeschnitten sind, bevor Sie sie zu Tisch bringen.«

Entschuldigen Sie sich nicht. Tupfen Sie auch nicht Bratensaftspritzer von denen ab, die Ihnen am nächsten sitzen, selbst wenn Sie sie sehr gut kennen.

Flecken

Blutflecke auf den Bettlaken und Matratzen fremder Leute sind eine heikle Angelegenheit. Natürlich wollten Sie das nicht, und natürlich wird es Ihnen sehr unangenehm sein. Aber eine Entschuldigung wäre Ihrer Gastgeberin mit ziemlicher Sicherheit genauso peinlich wie Ihnen. Machen Sie sich keine Gedanken. Gut die Hälfte der Weltbevölkerung hat vierzig Jahre lang allmonatlich ihre Tage. Sehr amüsant ist das nicht, und höchstwahrscheinlich wird sich die Person, die die Laken wäscht, nicht mehr dabei denken als bei den anderen menschlichen Hinterlassenschaften, mit denen sie sich an einem typischen Montagmorgen abgeben darf.

Sagen Sie nichts. Schicken Sie Blumen.

An öffentliche Mißgeschicke wie aufs Tischtuch gekleckerten Rotwein und über den chinesischen Teppich verschütteten Kaffee muß anders herangegangen werden.

Eine Entschuldigung liegt nahe und ist angebracht. Wenn Sie sie ausgesprochen haben, sollten Sie sich an die Wünsche Ihrer Gastgeberin halten. Will sie die Flecken mit ganzen Packungen Tafelsalz und eimerweise kaltem Wasser beseitigen, dann helfen Sie ihr, so gut Sie können. Das wird wahrscheinlich bedeuten, daß Sie ihr nicht in die Quere kommen. Wenn sie sich nicht gleich mit dem Malheur befassen möchte, respektieren Sie's. Das ist vielleicht ihre Art, versöhnlich zu sein.

Wenn es wirklich schlimm aussieht, wenn Sie glauben, daß Sie etwas besonders Wertvolles ruiniert haben, dann fragen Sie unter vier Augen, ob Sie Schadenersatz leisten können. Die Antwort wird vermutlich »nein« lauten. Schicken Sie Blumen statt dessen. Schicken Sie auf jeden Fall Blumen.

Und noch schlimmere Katastrophen

Wenn Ihnen schlecht werden sollte, setzen Sie bitte Himmel und Hölle in Bewegung, um sich nicht öffentlich zu erbrechen. Unterbrechen Sie den III. Akt. Beleidigen Sie den Hochadel. Stoßen Sie Frauen und Kinder beiseite! Aber sehen Sie zu, daß Sie rechtzeitig rauskommen!

Wenn Sie lediglich Zuschauer sind, täuschen Sie Übelkeit vor und laufen Sie weg. Die Welt ist voll von Leuten, die nichts glücklicher macht als Krisen. Besonders medizinische Notfälle lassen solche Leute zu ganz großer Form auflaufen. Wenn man ihnen Erbrochenes zeigt, werden sie erst richtig lebendig, besonders wenn man ihnen noch einen Wischlappen und ein Desinfektionsmittel dazu gibt. Lassen Sie diesen Leuten den Vortritt.

Das Leben steckt voller grausamer Überraschungen. Man wird Sie gelegentlich schneiden, Sie werden feststellen, daß Sie eine Party mit offenem Hosenlatz durchgestanden haben, Sie möchten am liebsten im Boden versinken. Sie möchten nach Hause gehen und Ihr Kopfkissen aufessen. Oder gleich an Ort und Stelle vor Scham sterben. Tun Sie's nicht. Das wäre höchst unmanierlich.

Mary Wesley im dtv

»Mary Wesley ist wie Jane Austen mit Sex.«
Independent on Sunday

Eine talentierte Frau
Roman · dtv 11650
Hebe ist noch keine zwan-
zig, mittellos und schwan-
ger, aber sie nutzt ihre
Talente gut.

Ein Leben nach Maß
Roman
dtv großdruck 25154
Drei Männer begleiten
Flora ein Leben lang...
»Eine Vierer-Liebesbezie-
hung mit viel Esprit, sehr
charmant und etwas böse.«
(Karin Urbach)

Matildas letzter Sommer
Roman · dtv 12176
Matilda glaubt sich mit
Ende Fünfzig reif für einen
würdigen Abgang. Doch
sie läßt sich auf ein letztes
Abenteuer ein...

**Führe mich in
Versuchung**
Roman · dtv 20117
Fünfzig Jahre lang hat
Rose zwei Männern die
Treue gehalten. Jetzt, mit
67 Jahren, nimmt sie end-
lich ihre Zukunft selbst in
die Hand.

**Die letzten Tage der
Unschuld**
Roman · dtv 12214
Sommer 1939: Fünf junge
Leute verbringen die letz-
ten unbeschwert glückli-
chen Tage vor dem Krieg.

Zweite Geige
Roman
dtv großdruck 25084
Laura Thornby will sich
auf keine enge Beziehung
einlassen. Doch dann ver-
liebt sie sich in den viel
jüngeren Claud.

Ein böses Nachspiel
Roman · dtv 20072
Manche Dinge bereut man
sein Leben lang... Aber
Henry macht das Beste aus
seiner mißglückten Ehe.

**Ein ganz besonderes
Gefühl**
Roman · dtv 20120
Eine Liebesgeschichte zwi-
schen zwei sehr eigenwilli-
gen Menschen – und eine
Liebeserklärung an den
Londoner Stadtteil
Chelsea.

Fay Weldon im dtv

»Fay Weldon lesen ist wie Champagner trinken.«
The Times

Die Teufelin
Roman
dtv 11132 und dtv großdruck 25065
Lange erträgt Ruth die Eskapaden ihres Mannes.
Doch dann schlägt sie zurück …

Herzenswünsche
Roman · dtv 12174
Liebe auf den ersten Blick– mit dramatischen Folgen
für alle Beteiligten.

Hier unten bei den Frauen
Roman · dtv 11515
Ein Haufen Freundinnen und ihr turbulentes Leben.

Die Klone der Joanna May
Roman · dtv 11671
Der Ex-Gatte hat Joanna klonen lassen. Erschreckt
sucht sie ihre vier Kopien.

Der Mann ohne Augen
Stories · dtv 11778
Vierzehn Geschichten über das, was man gerne
zwischenmenschliche Beziehungen nennt.

Charles Bukowski im dtv

»Seine Sauf- und Liebesgeschichten enthalten mehr
Zärtlichkeit als alle glanzpolierten Liebesfilme zusammen.«
Frankfurter Rundschau

Ein Profi
Stories vom verschütteten
Leben
dtv 10188

Hot Water Music
Erzählungen
dtv 11462

Roter Mercedes
Gedichte · dtv 11780

Jeder zahlt drauf
Stories
dtv 11991

Ausgeträumt
Roman
dtv 12342

**Das Schlimmste kommt
noch oder
Fast eine Jugend**
Roman
dtv 12386

Faktotum
Roman
dtv 12387

**Der Mann mit der
Ledertasche**
Roman
dtv 12388

**Das Liebesleben der
Hyäne**
Roman
dtv 12389

Hollywood
Roman
dtv 12390

Pittsburgh Phil & Co.
Stories vom verschütteten
Leben
dtv 12391

**Nicht mit sechzig, Honey
Gedichte vom südlichen
Ende der Couch**
dtv 12392

Kamikaze-Träume
Gedichte
dtv 12510

**Gedichte die einer schrieb
bevor er im 8. Stockwerk
aus dem Fenster sprang**
dtv 12578

Flinke Killer
Gedichte
dtv 12698

Lars Gustafsson im dtv

»Verzauberung durch einen literarischen Rastelli.«
Die Zeit

Wollsachen
Roman · dtv 1273
Lars Herdin ist ein guter
Lehrer, aber ein Außen-
seiter, der an seiner Isola-
tion und an seiner totalen
Liebesunfähigkeit leidet.

**Erzählungen von
glücklichen Menschen**
dtv 10175
Zehn Glückssucher: Son-
derlinge, Sehnsuchts-
kranke, Liebeshungrige …

**Die dritte Rochade des
Bernard Foy**
Roman · dtv 11155
Was macht ein junger Rab-
biner, wenn er zufällig in
den Besitz einer Mikrokas-
sette mit dem Steuerungs-
programm für eine Mittel-
streckenrakete gelangt?

**Nachmittag eines
Fliesenlegers**
Roman · dtv 11774
»Gustafsson … zieht mit
dieser virtuosen Parabel
über die Sinnfrage auch
eine Bilanz seiner eigenen
Schriftsteller-Arbeit,
beharrlich und versonnen
wie der Fliesenleger.«
(Der Spiegel)

**Das seltsame Tier aus
dem Norden und andere
Merkwürdigkeiten**
dtv 12120
Der Raumlord gleitet
durchs Universum und
langweilt sich. Also läßt er
jeden seiner acht Admirale
eine Geschichte erzählen …

Die Sache mit dem Hund
Aus den Tagebüchern und
Briefen eines texanischen
Konkursrichters
Roman · dtv 12560
Eines Tages macht Kon-
kursrichter Caldwell die-
sem widerlichen Köter aus
der Nachbarschaft kurzer-
hand den Garaus …

**Geheimnisse zwischen
Liebenden**
Roman · dtv 12733
»Gustafssons Roman ist
das präzise gearbeitete
Psychogramm eines
Zögerlichen, der eigentlich
lieben möchte, aber immer
wieder bereitwilligst aus-
weicht … Eine großartige
Karikatur des männlichen
Liebes- und Glücksverhal-
tens.« (Pia Reinacher im
›Tages-Anzeiger‹)